图解10个最新农乐园和户外儿童乐园项目

◎ 李 涛 编著

中国农业科学技术出版社

图书在版编目（CIP）数据

图解10个最新农乐园和户外儿童乐园项目 / 李涛编著. —北京：中国农业科学技术出版社，2019.7
ISBN 978-7-5116-4298-1

Ⅰ.①图… Ⅱ.①李… Ⅲ.①农村—游乐场—旅游规划—项目开发—中国—图解 Ⅳ.① F592.3-64

中国版本图书馆 CIP 数据核字（2019）第 143872 号

联合出品人：
南昌金杭实业有限公司
郑州易欣游乐设备有限公司

责任编辑　陶　莲
责任校对　贾海霞

出 版 者	中国农业科学技术出版社 北京市中关村南大街12号　邮编：100081
电　　话	（010）82106625（编辑室）　（010）82109702（发行部） （010）82109709（读者服务部）
传　　真	（010）82106625
网　　址	http://www.castp.cn
发　　行	各地新华书店
印 刷 者	北京地大天成文化发展有限公司
开　　本	787 mm×1 092 mm　1/16
印　　张	18.25
字　　数	357 千字
版　　次	2020年1月第1版　2020年1月第1次印刷
定　　价	98.00元

━━◆版权所有·侵权必究◆━━

序　言

2018年，中共中央国务院印发了《乡村振兴战略规划（2018—2022）》，乡村的发展被提到前所未有的高度，同时释放了巨大的市场机遇。

在市场机遇和国家政策的双重驱动下，很多有远见的"先驱"纷纷投身农业，但是大多成了"先烈"。失败的原因很多，有的是因为不熟悉农业，对不熟悉的产业往往又盲目乐观，轻易冒进；有的则是不熟悉政策，触了用地红线被拆除等。总之，成功者都是相似的，失败者却各有各的不幸。

回过头来总结一下，那些单纯做农业生产的难以生存，而在农业基础上融合教育、旅游、游乐等元素的项目更容易存活下来。这些项目大概分三类：休闲农业和乡村旅游类（农业+旅游）、亲子农庄和研学营地类（农业+教育）、农乐园和户外儿童乐园类（农业+游乐）。这三类项目有一个共同特点——立足乡村、服务市民。

可是，面对蛋糕，究竟该如何下嘴？沃尔玛创始人山姆·沃尔顿说过："我做的事多半都是模仿别人。"而泰康人寿的创始人陈东升也持有类似的观点，他在创立泰康人寿时提出："左眼看平安，右眼看友邦，两眼看世界"。面对一个陌生的领域，我们要做的不是花自己的钱买教训，而是学习别人的经验来武装自己，那些经过市场检验存活下来的项目，必然是做对了些什么，这也是本书的主要内容，掌握了这些就拥有了一个较高的起点，超过80%的新手，更容易走到最后。

由于工作的原因，在过去几年实地考察了国内很多优秀的项目，也有幸和他们的创始人/操盘手有过深度交流，中间很多有价值的信息，我觉得有必要写下来，传递给更多人。所以，与其说我是作者，不如说是30位成功庄主的书童，我不生产干货，只做干货的搬运工。

本书是系列丛书第三本，收集了全国10个"农乐园和户外儿童乐园"项目，这类项目可以理解成"乡村版迪士尼"，一个让亲子家庭来了不想走的地方，孩子们离开钢筋水泥，来到户外的大自然中，在攀爬和穿越中让孩子的天性得到施展。

　　说一下本套系列丛书的特点：**第一个特点是"多图"**，包括实景图、航拍图、卫星图等共计 1 700 张图片，绝大部分是在考察期间实地拍摄的，希望通过这种呈现形式让读者能够更加真实、客观地了解这些项目，也为您自己项目的落地提供一定的参考价值；**第二个特点是"干货"**，虽然文字部分不多，但每段文字提炼的都是干货，因为这些信息都是和项目操盘手深度交流过后梳理出来的，具备一手信息和实用性；**第三个特点是"项目类型齐全"**，这套书共梳理了三大类共 30 个成功项目，其中，10 个休闲农业和乡村旅游项目，10 个亲子农庄和研学营地项目，10 个农乐园项目，基本涵盖了乡村振兴过程中可能用到的所有项目，所以，适合休闲农业和乡村旅游从业者、寻求突破的有机农业从业者、景区 / 营地 / 民宿等从业者、田园综合体和特色小镇从业者、规划院和设计院的同志，以及致力于乡村振兴的各级政府。

　　希望以此帮助行业成长，为乡村振兴出一份力。

本书作者：李涛
2019 年 3 月 25 日

CONTENTS

目　录

[洼里乡居楼] / 1
　　一、项目图解 / 3
　　二、模式及要点解析 / 21

[欢乐松鼠谷] / 24
　　一、项目图解 / 26
　　二、渠道分析 / 34
　　三、模式及要点分析 / 34

[泰迪农场] / 38
　　一、项目图解 / 40
　二、主要客户群及对应产品 / 60
　　三、模式及要点解析 / 65

[贝拉小镇] /67
　　一、项目图解 /68
　二、贝拉小镇"六脉神剑" / 85
　三、思考及对贝拉小镇的建议 / 96

[青天寨农庄] / 97
　　一、项目图解 / 99
　二、主要客户群及对应产品 / 109
　　三、总结 / 111

CONTENTS

目 录

[田园乐翻天] / 114
一、项目图解 / 116
二、主要客户群及对应产品 / 141
三、总结 / 145

[桂花湖景区] / 147
一、项目图解 / 149
二、主要客户群及对应产品 / 174
三、总结 / 178

[童话森林乐园] / 180
一、项目图解 / 182
二、主要客户群及对应产品 / 216
三、总结 / 220

[盈香生态园] / 222
一、项目图解 / 224
二、产品及渠道分析 / 254
三、总结 / 254

[瓜牛公园] / 256
一、项目图解 / 258
二、门票政策 / 283
三、你会是第二个瓜牛公园吗？/ 283

[后记] / 285

洼里乡居楼

600亩地，仅门票年入千万元，一个"土得掉渣，火得要命"的项目

售票口

项目区位图

项目卫星图

每次讲到这个项目的时候，不知道为什么，这脑子里很自然地就浮现出一个词语——"土得掉渣"。

可偏偏就这么一个"土得掉渣的项目"，每年仅门票一项收入就超过1 000万元，最多的时候一天接待过5 000人。好家伙，这哪是土鳖啊，这简直是土豪，四大名著都不敢这么讲故事啊。

那这洼里究竟是个什么类型的项目呢？坦白讲，我也不好下定义，你说它是采摘园吧，种植板块并不是它的主要盈利点；说它是餐饮企业吧，它的门票一年能收个1 000多万元；说它是游乐园吧，它有自己的博物馆。

如果非要下一个定义的话，我更愿意称它为**"乡村版迪士尼"——一个有玩、有吃、有文化的地方。**

那这是怎么个玩法？怎么个吃法？怎么个文化？这些内容对于我们落地自己的项目有哪些启发？这些是要重点解读的。

话说洼里就坐落在北京市昌平区小汤山镇，有想去实地体验的可以直接导航"洼里乡居楼"。洼里的客群主要集中在北京，100公里（1公里＝1千米，全书同）范围内可以覆盖到2 170.7万人（数据来源北京市统计局，2017年）。人均可支配收入达到57 230元（数据来源于国家统计局，2017年），仅次于上海，全国排名第二。

项目总占地面积约600亩（1亩≈667平方米，全书同），主要分成两个部分：南园和北园。以中间的河流为界，河流以北叫北园，游乐为主；河流以南叫南园，餐饮为主。

一、项目图解

3个停车场的位置

园区一共3个停车场，南边2个小的，北边1个大的，总面积近40亩。先吃饭后游乐的游客一般选择停南边两个停车场，先游乐再餐饮的会选择停北边的停车场。

餐饮板块位置

餐饮板块一角

餐饮板块另一角

后厨

自制豆腐

炸花椒叶

鸡蛋饼

餐饮板块占地共40多亩，也是洼里启动最早的板块。

洼里的餐饮主要以北京地区特色乡村菜为主，**通过相继走访、参观、考察北京郊区农家菜并聘请北京餐饮协会及地方特色菜厨师技师进行农家菜的开发研制工作**，通过不断的开发研制，逐步推出了别有特色的农家菜系。

已经开发成熟的农家菜有：大柴锅炖菜系列、自制豆腐系列、自制铁板菜系列、精品炭火菜系列、野菜系列、特色烧烤系列、乡村特色主食系列等。

但亲自体验过几次之后，说实话，这饭菜确实没听上去这么诱人，但这并不妨碍餐饮的红火，原因后边还会有详细解读，咱们接着看每3个板块采摘时间表。

果树采摘园位置

品种与采摘月份对照表

采摘日期	名　　称
1—4月	温室草莓
3—5月	温室桑葚
6—7月	杏、李子
3—5月	樱桃
7—8月	西瓜、香瓜
8—10月	韩国梨
8—10月	冬枣
9—10月	白薯、花生
9—10月	白菜、萝卜

采摘园占地100多亩，包括乌克兰大樱桃、韩国梨、大李子、大桃、甜杏、冬枣等20余个名优果树品种。在栽培管理上全部采用绿色无公害食品生产流程进行管理，不使用化肥和高毒农药，一律使用的是有机肥和低残留生物制剂，果实全部采取套袋技术。**每年从1月开始采摘直到10月中旬结束。**

采摘区入口

乡村动物园位置

动物园入口

孔雀

黄牛

鹅

骆驼

　　动物园占地约 12 000 平方米，动物种类特别多：西域的牦牛、乖巧的矮马、漂亮的孔雀、彪悍的野猪、争强好胜的斗鸡、小巧可人的香猪、白兔、山羊、猴子、鸵鸟、山鸡、珍珠鸡、梅花鹿、澳洲特有的鸸鹋、稻田里的水牛、带领着鸡宝宝的油鸡妈妈。

　　不仅种类多，环形观赏的路线设计，还可以让孩子们近距离地观察各种小动物，给动物喂食，和喜欢的动物来个亲密接触。既增加了孩子的认知，又培养孩子与自然、动物和谐相处的精神。

乡村游乐园位置

荡麻绳

荡秋千

钻网圈

跷跷板

攀绳网

坐转椅

怎么样，是不是找回点小时候的感觉。人家洼里啊，就是希望把这些24K纯乡土玩法，用来锻炼孩子的体魄与能力，提升他们的运动智能和团体合作精神。

每逢节假日人们从四面八方聚集在这里，尽情地享受。

迷宫位置

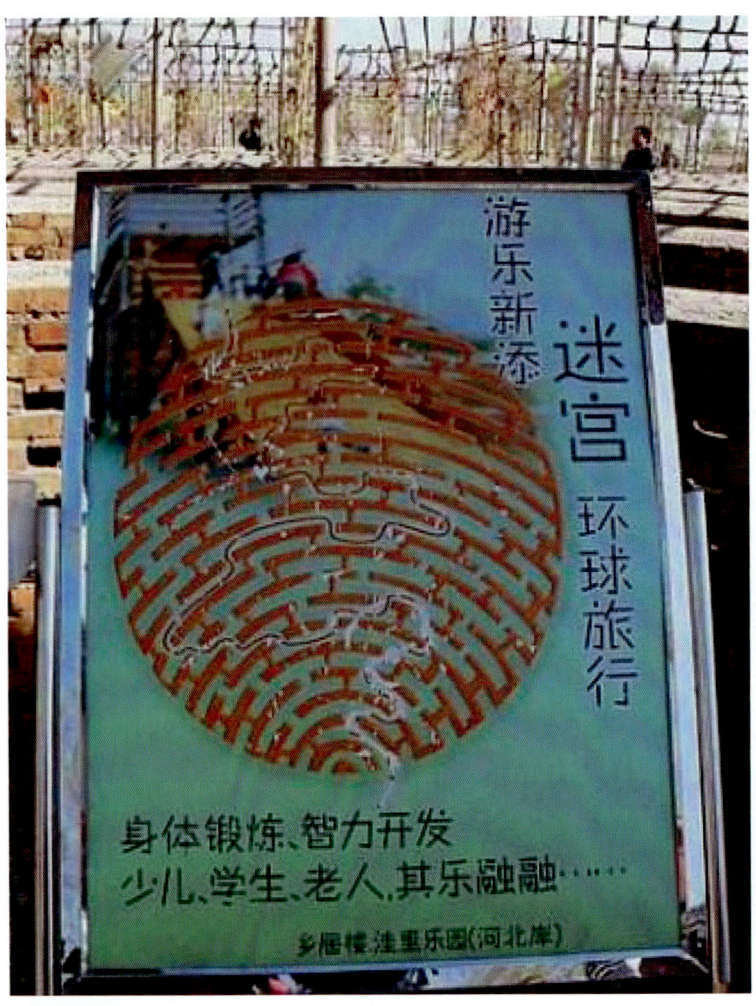

迷宫示意图

迷宫是一个直径约40米的圆，占地面积约2亩，只有一个入口，且只有一个出口。

迷宫实景

面积：2.2亩
材质：砖木结构

洼里博物馆位置

洼里博物馆外观实景

旧版纸币

馆内陈列的老物件烤爆米花机器

老农具

算盘

油灯

外表形似蒙古包，分为 12 个展厅，占地约 1 000 平方米，讲述了洼里乡 500 多年的历史文化。

各个展厅分别再现了洼里古墓文化、土地改革、互助组、初级社、高级社、合作化运动、人民公社以及文革对农村的影响，特别是中国乡村改革开放以来的巨大变化，这是新中国成立以后的乡村全部历史进程的一个缩影。

其中展出各类古老乡村农具，如铡刀、犁、耙、车辕、碾子、油灯、瓦罐等 500 余件，展出乡村老照片 1 000 余幅。

手工艺体验馆位置

内部实景

水彩体验

陶艺体验

纺织体验

　　乡村剪纸、民族扎染、画京剧脸谱、蘸糖葫芦、扎风筝、刨笤帚、制作鸡毛掸子、画木板年画、做传统木艺、柳编、陶艺……这里有各式各样的民俗手工工艺体验，而这些项目也是额外收费的。

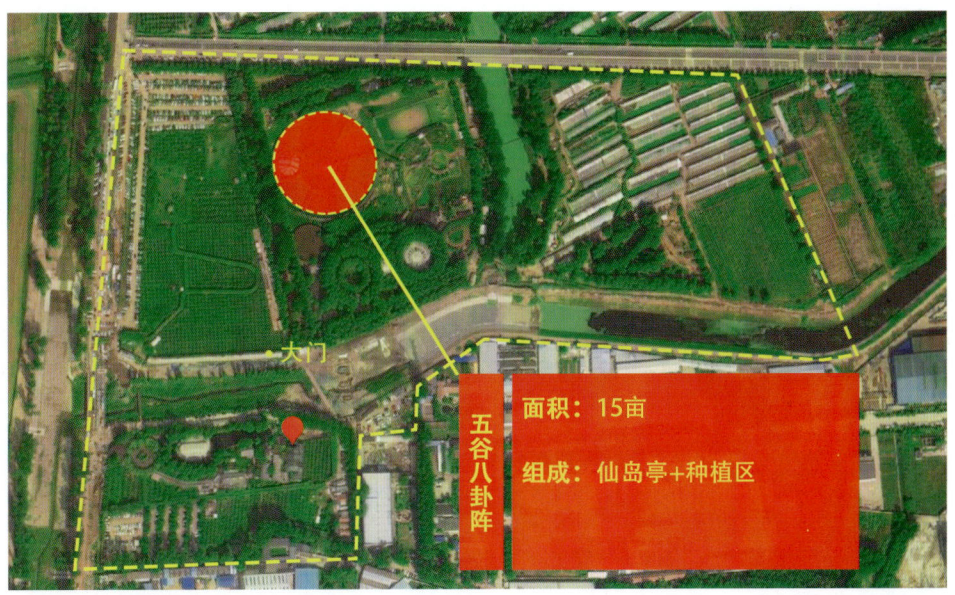

五谷八卦阵位置图

五谷八卦阵鸟瞰图

这个八卦阵占地约 10 000 平方米（约 15 亩）。种植高粱、谷子、黍子、黄豆、玉米、白薯、芝麻、蓖麻、向日葵、水稻等。

在这里，孩子们不仅能认知它们的形状，还能了解它们的生长习性、食用方法与价值，五谷分、四体勤，通过参与播种与收获，增加孩子们对农业知识与农事的了解与热爱。

中间的亭子

五谷八卦阵里的谷子

乡村大舞台位置

乡村大舞台实景

舞狮表演

洼里乡村大舞台传承乡村乡土文化，每周末和节假日会有民族花会演出：飞叉、空竹、武术、摔跤、民族乐器、小车会、团体和个人卡拉OK演唱会、自编自演的各类节目。

二、模式及要点解析

1. 门槛低,项目多

这么丰富的项目,你来猜一下洼里的门票多少钱?只要 30 元,淡季还能减 10 块。

您门票收这么低,还能赚钱吗?

您先甭着急,听我给您分析分析,这要比起迪士尼门票 500~600 元,欢乐谷门票 100~200 元,甚至同行业的大美儿童世界一大一小 178 元那确实有点低,而且是低一大截。那我倒是想问问您,这迪士尼您是一年能去几次呢?欢乐谷又去了几次呢?

人家洼里图的就是个"高黏度"的地方,让您周末带着家人一起过来,多来几次都没压力。 结果确实如此,我们公司 4 个有小孩的,2 个都是洼里的常客,一年去个 5 次、6 次、7 次、8 次的也很正常。

可是仔细算算,您拖家带口的过来玩一趟,真的花钱就少吗? 亲子家庭的特点不用多说,往往一托二,一托四,甚至一托六,这么一算,一个家庭的门票收入赶上欢乐谷一张门票的价格了。

不仅如此,30 元只是一个门槛,上边也提到了游乐园的一些项目是单独收费的,扎染收费、陶艺收费、滑草收费、剪纸收费。这一圈下来,门槛低得吓人,钱又不见得少花,真是城市套路深,铁杵磨成针。

2. 功能性项目——餐饮

这么多项目,除非你家孩子是哪吒,要不这一上午指定是玩不过来。所以,一顿午餐那是必须的。做过餐饮的很清楚,不仅可以拉出很高的营业额,而且,利润空间也是杠杠的,有的农庄,餐饮恨不得能占到营业额的 30%~50%。有了这顿午餐,那营业额妥妥地再翻上一倍。

可是前边也提到了，洼里的餐饮味道确实一般，但人气不见得少，这是什么道理？这就不得不提到"功能性"的属性了。说白了，人家压根也没想着让你吃多好，只是为了填饱你的肚子。

这时候，有庄主就不明白了，我们不是应该想办法把餐的品质提上去吗？不是应该做出精品让客户念念不忘再来一趟吗？

那我倒是要问您一句：这5 000人一天，为了吃好，您得请多少宫廷大厨？退一步说，您神通广大，把紫禁城翻了个遍，有名有姓的大厨都请了去，您打算用什么来养活他们？这周六、周天人多，咱可以养活没问题，那周一到周五怎么解决？

洼里的流量特性是大开大合，有时候园区空空如也，有时候园区人山人海，这就决定它没办法把餐做出彩来，而且又在六环外，找的是农村的大妈、大婶，能保证基本卫生和口感，说难听点，能把您这几千人喂饱了不生病那就不错了。**所以，有的餐饮是特色，为把人吸引过来；有的餐饮是功能性板块，只是为了解决温饱。**

3. 渠道特点

洼里做的是散客的生意，散客大家都知道，卖票是个重头收入。一般来说，有门票的农庄会和美团网啊、大众点评、携程等OTA平台合作，让他们代理卖票，卖出一单呢给你提多少钱。可是，洼里偏偏就没选择合作，不信你现在可以拿起手机，打开大众点评，或者携程等任何一个客户端，定位城市选北京，搜一下"洼里乡居楼"，发现这只能搜到评价，而没有卖票入口。

那洼里真这么牛吗？其实不然！既然有大量的评论在，说明这个项目曾经在OTA平台上被大量曝光过，也就是合作过，只是现在不合作了。

那是为什么呢？不缺客户了呗，项目开业前，潜在客户还不知道有这号项目，咱通过你OTA平台大量曝光，大量售票。可十年都过去了，该来的客户都至少来过一次了，也知道窗口可以直接买票，洼里有病啊，还让OTA平台再割上一刀。看见没，这就是商业社会的规律。

这时候可能会有庄主提出疑问：不应该呀，客户再多，肯定是多多益善呀，几百亩的场地，这么多设施在那放着，多来一个人岂不多一赚一份钱呀？你熟客再多也需要随时补充新客呀。

是，没错，北京流动性本来就大，确实存在一些刚搬过来的新人不知道有这号项目。可是，如果你有20万老客户，通过向平台交100万元份子钱，可是每年通过OTA平台补充的2万新客户，满打满算营业额不过60万元，为了60

万元的新营业额要花掉 100 万元流水，这个账不难算吧？

话又说回来，等我有了 20 万客户的时候，即使你平台不给我宣传，另外那 2 万新客户就一定不会知道我这个项目了吗？那你得先问问我 20 万老客户的朋友圈答应不答应。

所以，新项目需要借助别人的流量，不然园区放着也是放着。但是当客户积累到一定程度，我们就要学会经营自己的流量，不然 OTA 平台也不惯着你，因为他们更喜欢推新项目。

4. 特殊定位

来过洼里的，不管你是城里的、县里的、乡里的、村里的，都会觉得"土"，而且是土得掉渣。

但是并不妨碍它成为一个很火的项目，而且一火就是十年。

这里讲个笑话，话说，我们带着各地的老板来洼里考察，完事很多朋友说回去也要干一个：这也太简单了，东西简单、模式简单，想着想着乐出了猪声。

可是，我要说的是，没戏！为什么这么说，人家是在北京，国际化大都市，越洋气的大都市越喜欢这个土的气质，因为他没见过，人的本性就是猎奇嘛。你倒好，在一个四线城市，群众刚脱离农村，您再给来一个这样的项目，您看看到底有没有人捧场？

所以，很多看似简单的项目，背后很有可能藏着我们看不到的逻辑关系。越洋气的地方越追求乡土，越土的地方越追求洋气。

用一句简单的话总结洼里的模式：北园卖门票，南园靠餐饮。

一时盈利并不难，难的是持续盈利，像洼里这样持续盈利十几年，一定是掌握了某个商业壁垒，我之前发表过一篇文章"休闲农业的 8 个商业壁垒，具备一个就可持续盈利"，想要了解的朋友可以**关注微信公众号：农未来，直接回复关键词：商业壁垒**，就可以看到了。

欢乐松鼠谷

"民宿 + 乐园 + 餐饮",一个最懂营销的项目

项目标志牌

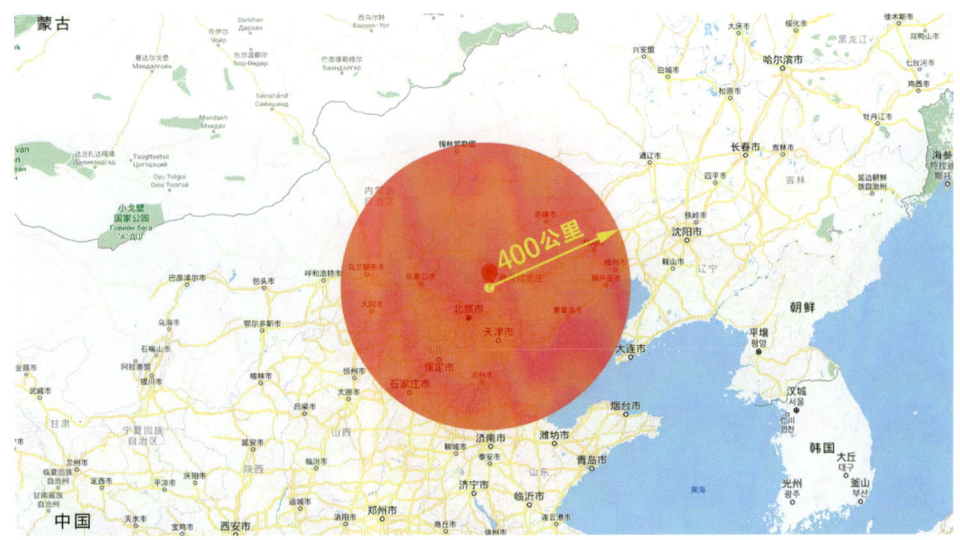

项目区位图

景区内民宿

这是一个最懂营销的项目——欢乐松鼠谷。

话说,刚开业那几天,项目自己的停车场不够用,不得不借用一公里外别人家停车场,项目用摆渡车去接送。因为人太多,开业后第五天就被迫闭园一天,弄得他们不得不贴告示道歉。

看到这儿,你一定觉得这是一个乐园,别着急,接着往下看。

这里有 18 间客房,每间客房价格从 400~900 元不等,入住率非常高。据创始人代总说,5 月、6 月、7 月、8 月、9 月这 5 个月,有的房间一个月能有 27~28 天入住。看到这你是不是觉得有点像民宿了?

其实,项目有 3 个主要板块:餐饮板块、民宿板块、游乐园板块。

欢乐松鼠谷就在北京密云水库旁边,具体地址是:"北京市密云太师屯镇东田各庄村微风山谷"。有想去的朋友可以直接导航"欢乐松鼠谷"就可以了。

一、项目图解

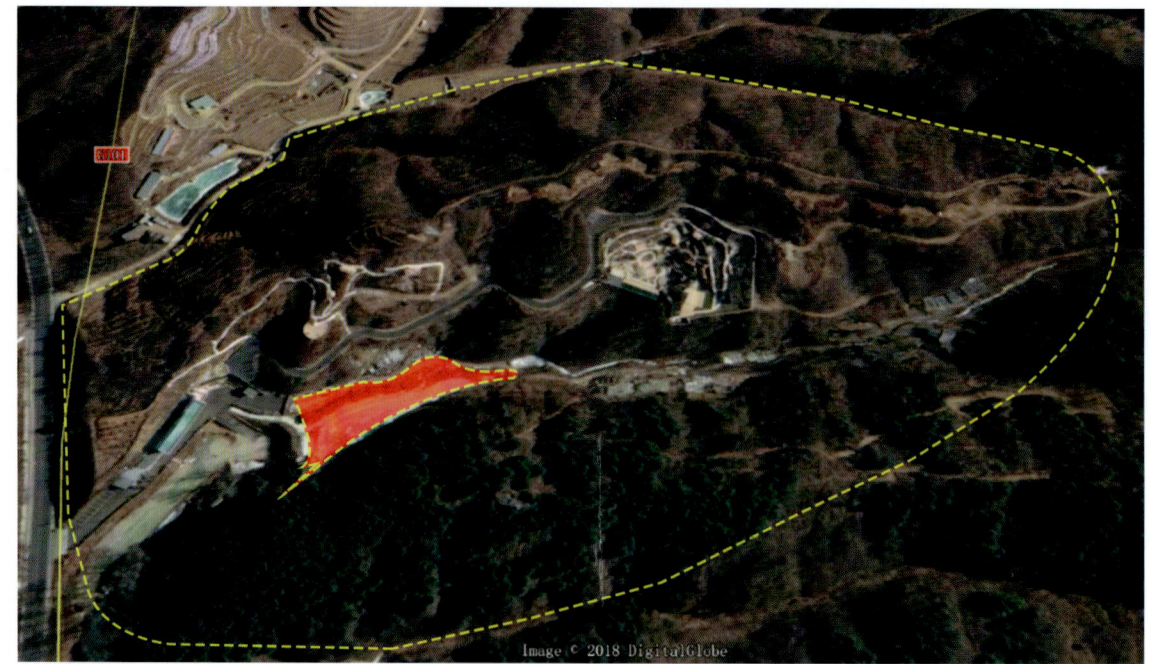

民宿板块位置

民宿外观

民宿内部

民宿客厅

民宿房间内部

整个项目是一块600亩山区，两边山峰，中间峡谷。而民宿板块就位于峡谷中间，就是现在图上红色区域标注的部分。

第一期8个房间是在一个较大的堰塞湖边修建的，依山向水。后期的住宿也继续沿着河沟往里延伸。

条件不见得比得上市区的五星级酒店，但是很舒服，也特别安静。客房价格从400~900元不等。

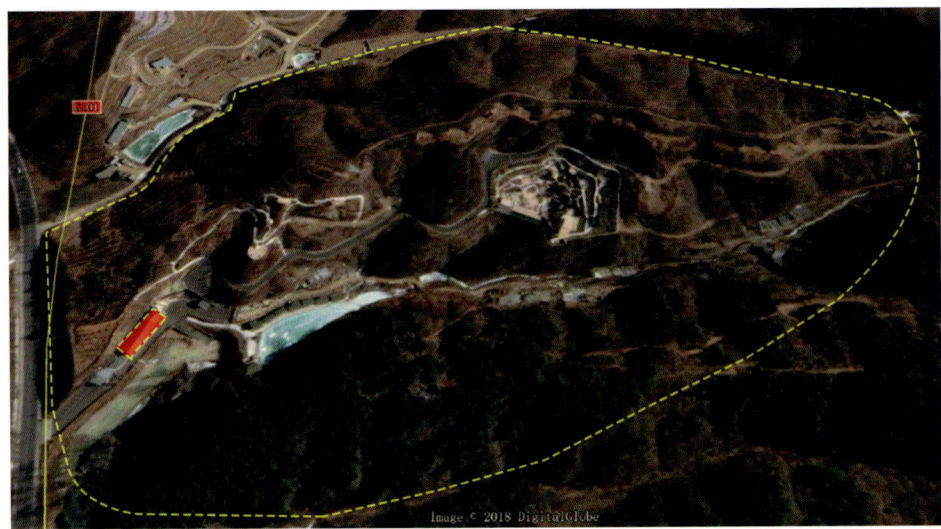
餐厅位置

餐厅内部

餐厅外观

桌餐

红烧鸡翅

土豆饼

旁边水库的鱼

餐厅在门口处，占地约400平方米，就在停车场旁边，餐厅的作用很大，一来解决民宿客人的吃饭问题，二来解决乐园游客的用餐问题，第三是解决过路客的吃饭问题（园区在京密路边上），这样一鱼多吃的方法让运营压力顿时小了不少。

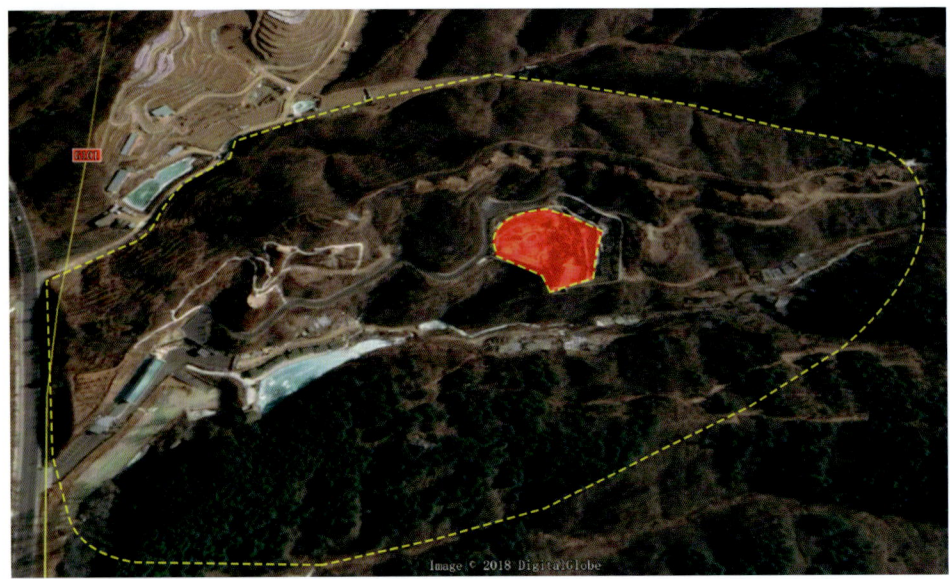

游乐园（松鼠大观园）

游乐园实景

在乐园里散养的松鼠

滑梯

攀爬网

蹦床

这个板块占地约7 000平方米，和普通游乐园有所不同，乐园中散养了一些松鼠，为了不让松鼠跑出去，围了一圈特殊的玻璃幕围墙，上面是向里倾斜的玻璃幕，松鼠是经过训练不咬人的。

乐园里的项目有：松鼠喂食馆、松果滑梯、树枝秋千、平衡木、四人自行车、戏水乐园、沙滩、夜幕电影、攀爬索道、汽车摇摇乐等。**代总是希望在这里面，小朋友像松鼠一样蹦蹦跳跳，健康快乐。**

沙坑

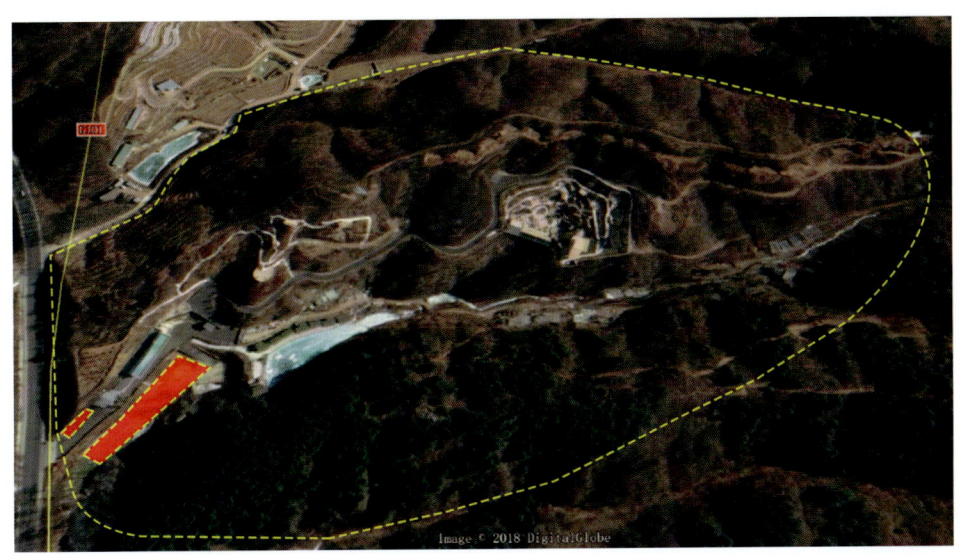

停车场位置

停车场实景

停车场共两个，大门外一个小的，进去之后一个大的，共计大概 1 500 平方米，最多能停 100 辆车。

停车场太小，显然一开始也没想到会有这么大接待量。所以，停车场是一个平时闲置率极高，忙时又决定你园区接待量的一个板块。为什么说他闲置率极高，因为对于旅游业来说，波动特别大，有的项目一半的营业额是出在五一、十一、端午、中秋等那十几天的节日里。如果你的停车场不够大，那将是一个很大的限制。

二、渠道分析

因为有住宿板块，所以和携程有合作，还有百度糯米。

2017年十一期间乐园建成后，开始收门票，除了携程之外，还在和马蜂窝自由行、大众点评、去哪儿网、美团、驴妈妈旅游网等渠道开展合作。

欢乐松鼠谷还开通了自己的微博、微信公众平台作为自己的宣传窗口。

三、模式及要点分析

项目是从2015年开启的，边开发边经营。先建的是客房和餐厅，2017年10月，游乐园开始对外营业。

3个板块分开运营，乐园门票60元，不分成人儿童；客房刚才也说了400~900元不等，一共8间；餐厅400平方米。

既然开头说了，这是一个最懂营销的项目，那这里问庄主们一个问题，一提到营销，你脑子里最先想到的是什么？

设计一个好的品牌形象？或百度上舍得砸钱？或善于利用携程、大众点评等OTA平台？或擅长讲故事，是自媒体运营高手？

这些都对，但是，这些手段都需要花钱。今天介绍的是不花钱还效果很好的方法。

1. 借势是最好的营销

欢乐松鼠谷就在北京密云水库旁边，距离天安门的距离大概100公里。

那么，作为一个周边游产品，庄主们，辛苦您再猜一下，这个项目可以辐射多少公里？是400公里，你没看错，是400公里。据代总说，北京本地的客户只占50%，其他的来自天津、廊坊，最远的有石家庄、内蒙古。这是什么道理？

原来，欢乐松鼠谷旁边的一个巨无霸项目——古北水镇，话说这是一个类似于乌镇、周庄的项目，投资额数十亿，年客流量数百万，而且每年还在以50%的速度增长。而收入方面，每年超过十亿，利润率超过20%……

北京到项目地导航图

项目辐射区域

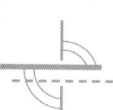

项目距离古北水镇的距离

像这种巨无霸项目每年要投大量广告,不仅电视投,楼梯广告投,高铁广告投,不仅北京投,外地也要投。很好理解,几十亿资产在那放着,拉不够人头,就没有足够流水,没有足够流水就没有利润,更别提回本了。

好了,既然你这么多客流量,既然你比我更饥渴,那你就投吧。

而这些广告同时也在为旁边的欢乐松鼠谷拉客源,因为欢乐松鼠谷距离古北水镇很近,外地自驾游客完全可以在这里休息一晚再去古北水镇,或者走之前在这里休息一晚,都有可能。毕竟,那古镇里边的消费也不低呀。

为了把"蹭流量"做实,欢乐松鼠谷还制定过一个政策,拿古北水镇的票根可以直接在松鼠谷抵10元现金。

这就是房地产开发逻辑,一个标志性建筑起来了,这一片地价也起来了;你项目大,把客户吸引过来了，我项目小，给您做配套，也顺便替您变变现；您项目大，客户多，我项目小，您手指缝里流出来那点就够咱上小康生活的了；甚至说得难听点，您大项目赚不赚钱我不知道，把我小项目喂得饱饱的是半点问题都没有；**这种看似流氓的方式，虽然和营销没啥关系，但切切实实带来了源源不断的客流量。所以我说，借势是最好的营销。**

大家在项目选址的时候也不妨考虑一下，你是想做一个旅游目的地，还是想做一个旅游带上的变现项目。

也就不难理解，为什么有些地方农家乐扎堆，却没有因为竞争而流失客户；同时，也就不难理解，为什么选址要考虑地方政府对本地区的规划，要在旅游区上做选择。

2. 特色是最好的营销

一提到民宿，大家会想到安静、有故事、乡愁等这些关键词。可是欢乐松鼠谷民宿偏偏选择做一个热热闹闹的"游乐园"，这又是出于什么考虑的？

其实，现在的民宿的一个问题是同质化，不光房间一样，格局无异，就连民宿主的故事都差不多，不信听我讲：一般故事里都有一个金领，厌倦了城市生活，放弃百万年薪，去山里租了一个院子，种点自己喜欢的花草，打造自己想要的生活……

这样不仅没特色，而且没力度。想象一下，小长假，你们一家三口要去古北水镇玩，需要在附近住上一晚，于是，你就在大众点评上找民宿，看口碑。在这种场景下，让人做决定的因素是价格、环境和配套。

而欢乐松鼠谷是一家配套有游乐园的民宿，不仅有游乐园，游乐园里还散养了松鼠，你更愿意去哪个？

这就是特色，在众多选项里让你选我的理由，所以，特色也是最好的营销。

那大家可能有疑问，花个几十万建一个乐园，就为提高8间客房的入住率，不划算吧？其实，游乐园本身独立运营，也是可以盈利的项目，只是盈利过程中也给民宿加持，我最后一次去的时候，他们游乐园又在建二期，更刺激的乐园。

代总也说过，他是希望**用公园的方式来带动住宿和餐饮，把它打造成古北水镇的第二景点。所以，高级的营销是既要借助外部势能，还要对内打造自己的特色。**

关于这类项目的选址是很有讲究的，我之前发表过一篇文章——休闲农业选址，请务必考虑这6点，讲的就是选址的问题。如何看到？微信扫描旁边的二维码，**关注公众号：农未来，直接回复：项目选址**，就可以看到了。

泰迪农场

463 亩，年接待 24 万人，一个利润率极高的"亲子 + 农业 +IP"的项目

农场入口

农场局部航拍图

农场检票口

这是一个利润率极高的项目——苏州泰迪农场。

利润率很好理解，您这每年进账 1 000 万元，去掉员工工资，去掉地租水电，去掉农资等费用，最后咱账户上剩下 200 万元，那你的利润率就是 20%，简单来说是这样。

休闲农庄的利润率有多高？能达到 10% 那就是优秀，20% 那是尖子生，能达到 30% 那你绝对是世上罕见，妥妥地成为各地庄主学习的标杆、膜拜的对象。而泰迪农场号称可以达到 75%，这绝对是蝎子拉屎——毒一份。

泰迪农场 2017 年接待游客 24.7 万人，营业收入 1 200 万元，泰迪农场的朋友说，他们 2018 年应该可以做到 1 700 万元。

一、项目图解

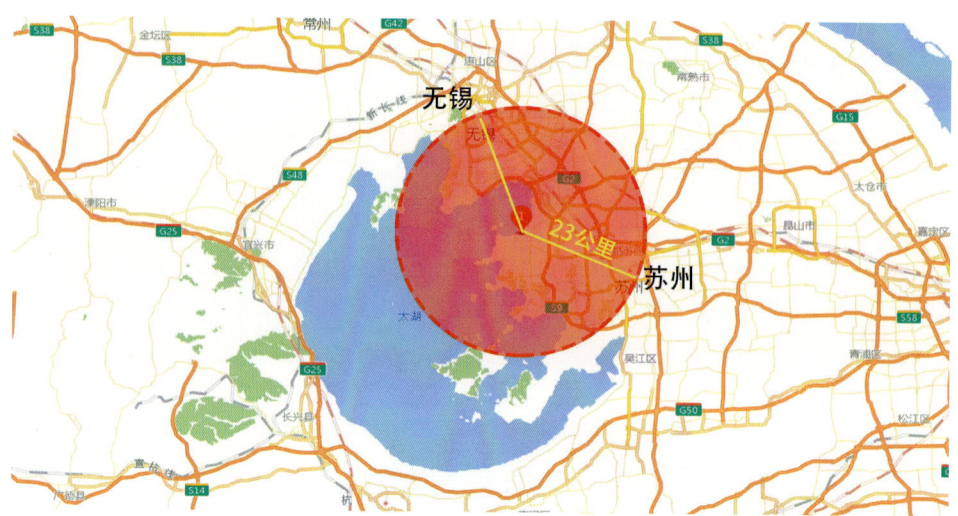

项目位置

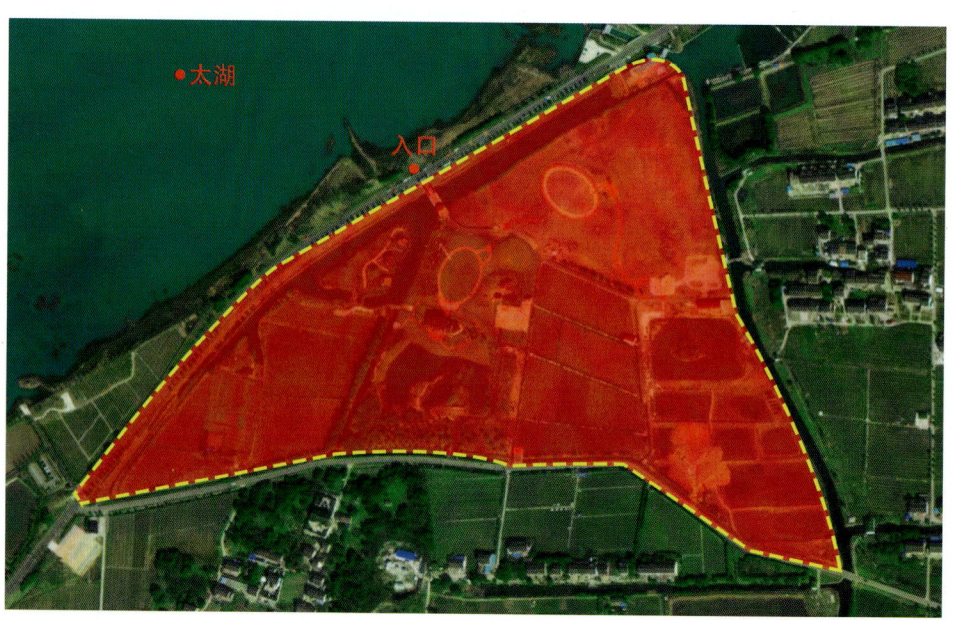

项目平面图

农场位于江苏的苏州,就在太湖边上,距离苏州 23 公里,距离无锡 26 公里,而苏州市区常住人口约 400 万,被列入新一线城市,而无锡市区常住人口约 300 万,被列为二线城市。

再来了解一下农场概况。泰迪农场占地面积 463 亩,定位 3~12 岁的亲子家庭,主要业务形态包括采摘、亲子体验、餐饮、住宿、购物等。

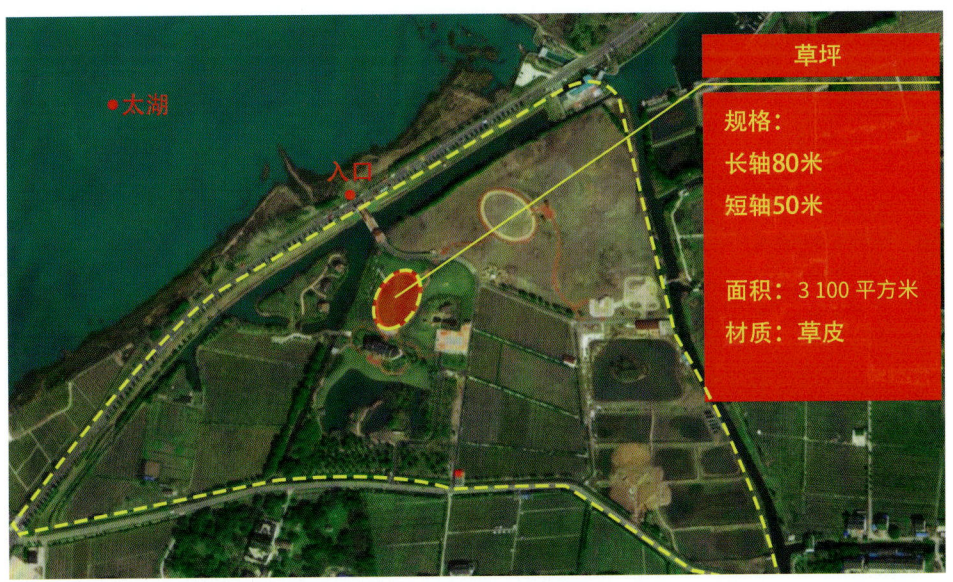

草坪位置

草坪上的亲子活动

草坪婚礼

草坪位于进门不远处，在餐厅前边，占地面积约 3 000 平方米。

亲子团客到达的时候，一般会选择在这块草坪上做个开场活动，如果是旅行社带过来的由导游带领，如果是幼儿园、教育机构、学校等则由老师带领着做。

草坪除了可以作为活动场地，还可以接待婚礼，接待企业团建，还可以作为游客的休息区。

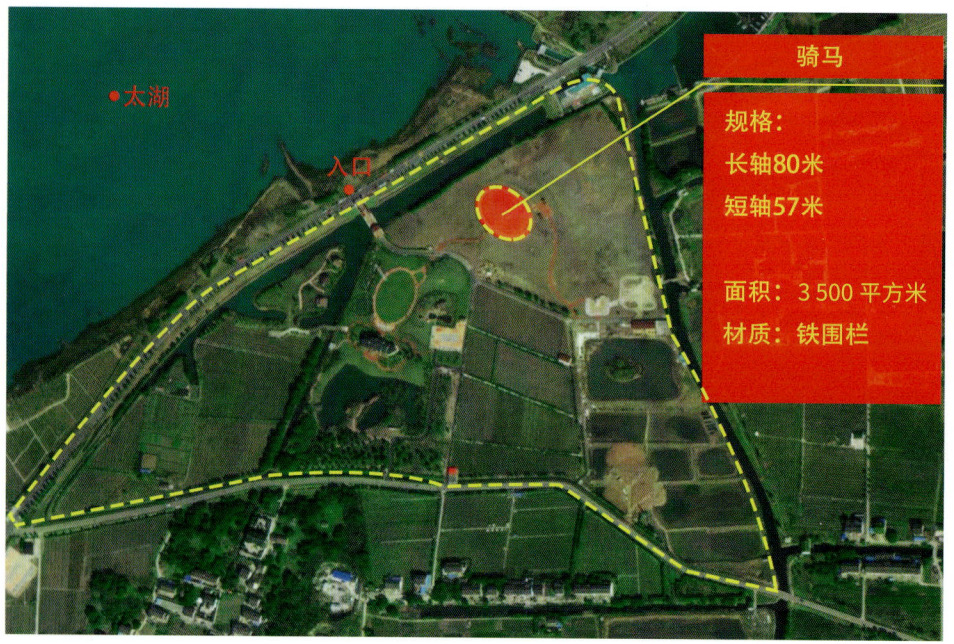

骑马板块位置

骑马
规格： 长轴80米 短轴57米 面积：3 500 平方米 材质：铁围栏

骑马实景

骑马的客人

马场占地面积3 500平方米，是一个比较受欢迎的项目，不过骑马是单独收费项目，收费标准为30元/人。

卡丁车也属于增值项目，30元/圈。

卡丁车场地

卡丁车

旱地滑道实景

骑马、卡丁车、旱地滑道这 3 个项目都是消化能力较强的项目，骑马一圈不超过 5 分钟，卡丁车不到 2 分钟，旱地滑道更快，这在客流量较大时也是可以满足需求的，特别是团队客户，他们入园门票 30 元，农场提供有 6 个项目，一般卡丁车和旱地滑道可二选一。

20 元/人

马车 30 元 / 人

羊驼

肖恩羊

鹅

小小动物园是这里最受欢迎的项目之一，可供游客投喂和近距离接触小动物，有兔子、羊驼、黑头羊、鹅、孔雀、宠物鸡等，可以自己带一些菜叶，也可以在园区内购买，购买菜的话 5 元钱一包。

牧羊犬赶羊

小猪游泳是免费的项目，不过不是一直游，只有在客流量集中的时间才有。

小猪游泳

赶小猪比赛场地实景

赶小猪比赛现场

　　主持人随机从围观的小朋友里选出 6 个人,穿上不同颜色的马甲,主持人下令一块赶,只有起点和终点,没有赛道。

　　因为跑的时候有很多不确定性因素,例如赶着赶着小猪不跑了,或者往后跑了,常常逗的全场欢笑,作为奖励,第一个赶到的小朋友会得到一个小礼物。

奶牛挤奶体验

10元/次,这个吞吐量不大,不过更多的是一个"表演类"项目,即一个人体验,一圈人看,体验的人也成了演员,围观的人也学到了知识。

泰迪农场

大舞台

大舞台上的表演

小狗表演

大舞台可用于表演，例如猴子踩钢丝、踩高跷、小狗转圈、小狗识字等，这是园区的又一个爆点项目，经常出现在游客的朋友圈里。

牧羊犬赶羊、小猪游泳、赶小猪比赛、奶牛挤奶、大舞台这几个项目都属于表演类的项目，这类项目的特点是"一个人玩，一群人看"，所以，消化能力强，无论再多的人，只要有个站的地方，就可以参与进来。表演类项目的另一个特点是成本还低，因为它的容量不太容易受限制，这也是泰迪农场选项目的一个技巧。

小火车

　　小火车三圈换一拨人,图上看着有很多人排队,不过是团队客户,团队票 30 元/人,含 6 个项目,小火车是其中一项体验项目。

图解 10 个最新农乐园和户外儿童乐园项目

餐厅

规格：
长36米
宽16米

面积：576 平方米
材质：砖木结构

餐厅位置

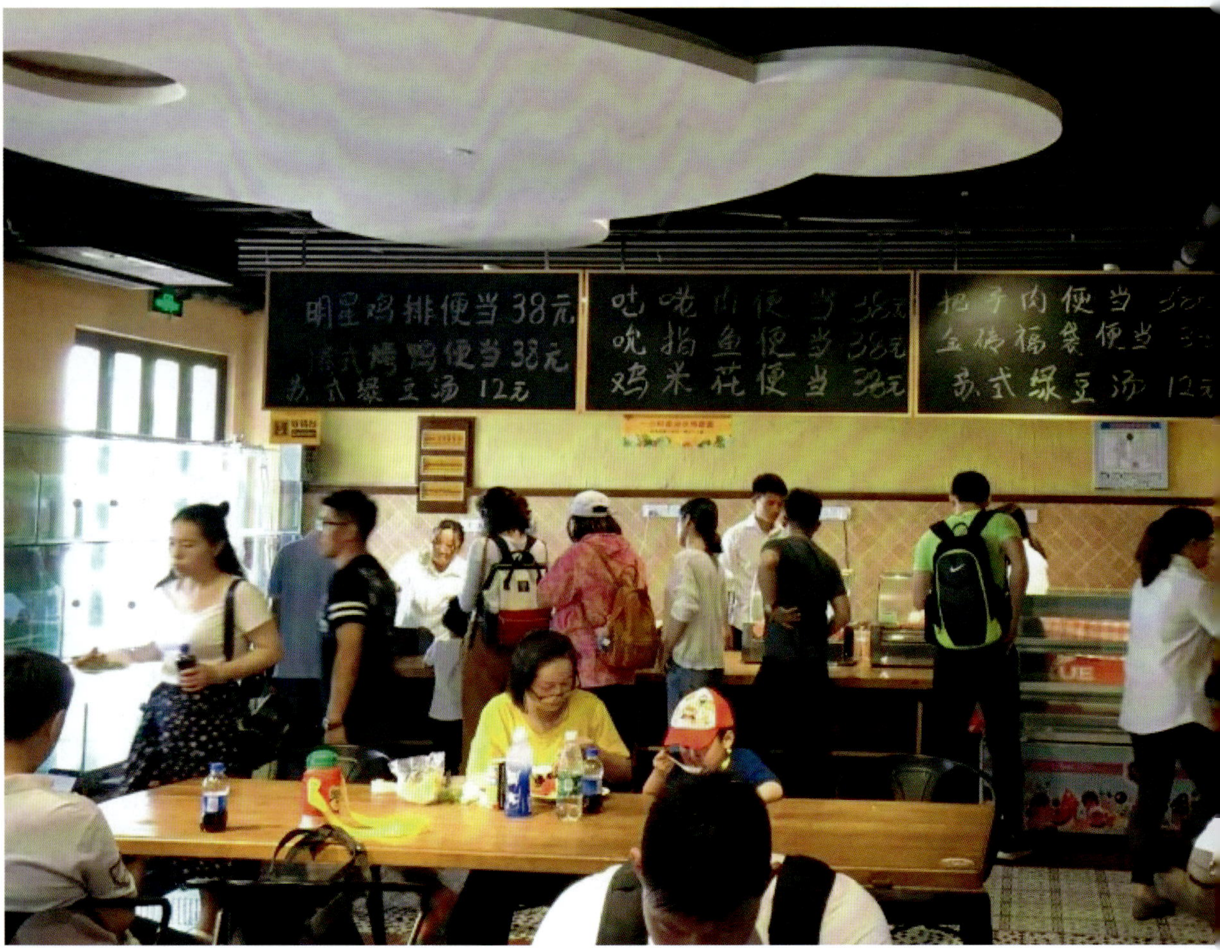

餐厅内部

52

餐饮板块外观实景

特色便当

这个建筑的一楼是餐厅，面积约500多平方米，餐厅提供有各色便当，价格38元/份。很多游客对餐的评论并不高，一来价格较贵，二来味道也一般。

我来尝试解读一下原因，餐厅占地面积约500平方米，有效的就餐位按300个算，翻3次台也就能满足不到1 000人就餐，而泰迪农场日最高接待13 000人，周末每天接个2 000~3 000人也是常有的，所以餐厅并不能满足所有客人的就餐需求，吃的贵和吃不上肯定都是差评，与其吃不上生气，不如吃贵点也给园区营业额做做贡献。

至于餐厅为什么这么小，可能是土地指标问题了，泰迪农场的前身是冀龙生态园，餐厅是原有的建筑，不然新项目怕是连这栋建筑也不能有了。

烧烤现场

地锅现场

户外烧烤区

　　湖边烧烤和土灶,不仅仅是吃饱肚子,一起制作美食的体验过程也是很棒的产品,促进了团队友谊,还帮助提高团队协作能力,所以团队经常选择这里。没人的时候,这时也可做游客的休息场所。

住宿板块位置

住宿板块的外部环境

外观

房间内部

　　泰迪农场沿湖建有住宿板块，别墅和木屋两种，不过房间并不多，一共11个房间分布在湖边，比较安静，景致也很好。

　　这个板块是上个项目留下来的，泰迪农场也觉得很尴尬，房间不多。

3D 主题馆

3D 场景 1

3D 场景 2

3D 场景 3

3D 场景 4

3D 场景 5

3D 场景 6

3D 视觉馆是一个可见、可摸、可拍照的地方，门票 15 元/人。也是一个"一次打造、重复利用"的项目。本质上与"和大象拍照 10 元一位"是一个道理，通过这样一次性构造的场景，不仅可以收取门票，还可以顺利传播到游客的朋友圈。

儿童 DIY 区

陶瓷彩绘现场

儿童 DIY 区在餐厅上一层，有陶瓷彩绘、饼干 DIY 等，也是额外收费的项目。团队来园区时，经常把 DIY 作为活动中的一项安排。

农场，当然少不了各种蔬菜水果，一年四季都不断，枇杷、桃子、梨、葡萄等各式各样的时鲜水果在各自的季节里成长成熟；各种辣椒、黄瓜、蚕豆等可供采摘。

采摘区位置

小柿子

南瓜

辣椒

葡萄

游乐场位置

充气城堡 20 元 /20 分钟

手摇船 30 元 /10 分钟

移动车 20 元 /5 分钟

游乐场里所有项目都是合作的，农场出场地，合作方出设备，农场负责售票，合作方负责完成服务和设备维修等，最后按营业额分账。

二、主要客户群及对应产品

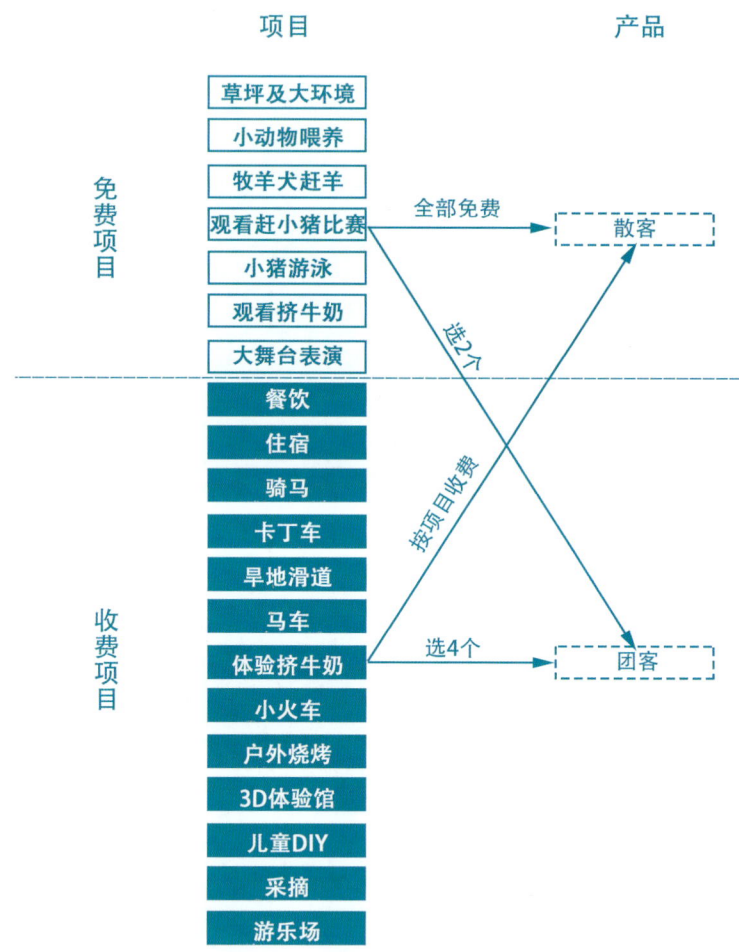

客群和产品对照图

上一部分罗列了泰迪农场的项目，这些项目经过不同的组合卖给不同的人群就形成了泰迪农场两个主要产品：**针对散客卖门票和针对团客的一日游产品。**

1. 针对散客的产品

门票，大人 60 元 / 人，小孩和老人 35 元 / 人。这部分人一般选择自驾。入园后可享受大草坪、喂养小动物、看小动物表演等免费项目，当然也可以选择餐饮、住宿、骑马、游乐场等收费的增值项目。

2. 团客及对应产品

团客是泰迪农场最重要的服务人群，也是要重点解读的部分。

团客定义 团队客户的特点是搞定一个人就搞定了一群人。你搞定了一个旅行社，他给你送来成千上万的人、搞定一家教育机构，他把自己的客户拉你这挨个报到，搞定一个学校，每个班级到你这来体验。

以某旅行社和泰迪农场的合作为例。首先，旅行社手上有大量的游客资源这不用多说了，仅苏州地区，登记在册的旅行社超过 300 家，每家旅行社以社区店面、酒店旅游咨询专柜、机场旅游咨询专柜等形式存在，并和自己的客户建立链接。

旅行社的分析 旅行社为了达到经营目标，每年需要策划出一些新的旅游线路，这就要求他们要及时挖掘新景点，准确说是抢占新景点，因为老客户就是用新景点上，不然人家不愿意出来，新客户才用老景点做。甚至，很多旅行社还会争取成为某项目在某地区的独家代理。

泰迪端分析 了解了旅行社的需求，再来看看泰迪农场，这农场作为一个新项目，设备崭新、项目崭新、那是什么需求让它和旅行社合作的呢？

问题就是出现在"新"上面，客户不知道有您这号项目，因为您还没有积累老客户，更没办法老带新。草皮空着照样需要维护，人多人少小动物的干粮是一顿不少，人多人少这看大门的、收银的、餐饮的一个不少，可是，没有人就没有营业额，没有人成本不见得更少，所以，**玩命的拉人，这是新项目的头等大事，也是他们的核心诉求。**

泰迪农场不仅是一个新项目，还是一个没有停车场的新项目，因为农场是从之前一个农业项目接盘过来，升级改造而成，并没有停车场，没有停车场就注定没办法接待大量散客。团队客户还好，很多坐大巴车过来，门口把人一卸，大巴车找地方停去。而散客没地停车，感受会大打折扣的。

一边是旅行社需要新项目，一边是泰迪农场场地空着需要人气，而客户又往往喜新厌旧，可不就一拍即合了。

关于旅行社更多 这时候有人跑出来说了，我不服，旅行社特别黑，把你的价格压得个贼死，弄得你没啥利润。所以，很多成熟基地不太愿意同旅行社合作。

其实不然，成熟基地确实是腰板硬，离了你旅行社照样行，说不定还能过得更好，可是新基地就不一样了，一来新基地需要靠外部机构来炒作，提升园区知名度，你上电梯广告花不花钱？你上本地报纸花不花钱？你上电台广播花不花钱？样样花钱，不仅如此，花了钱还不见得有效果。而相比之下，旅行社就厚道多了，人家宣传你不花广告费，成了才按营业额要提成，相当说效果广告，比这百度、搜狗、360 的广告靠谱多了。

话又说回来了，人家旅行社对客户的维系是有价值、有成本的。有价值就得有价格，这是天经地义的事。所以，一般旅行社要求返点在"结算价的 20% 左右"。虽然这个渠道成本不低，**但是对于新的景点来说旅行社的作用也是很明显的，它在引流的过程中会对景点进行大量的宣传，促进景点在圈子里的知名度，使其迅速占领市场。**

不仅仅是旅行社，社会上大量的培训机构、学校、幼儿园等都有出游的需求，他们怀着各自需求与基地都有合作基础，是农场的主要团客。

为便于您更清楚地了解，我举一个例子。亲子游团客，组织者一般需要经过以下四步：

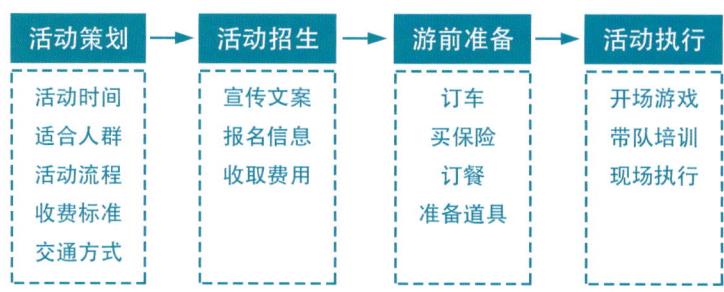

亲子活动策划流程图

某线上旅行平台，它积累了大量的爱旅行的粉丝。平台计划以泰迪农场为场地，策划一日游的产品。

步骤一：活动策划，最终拿出方案如下

1. 行程天数

1 天

2. 行程方式

大巴车来回

3. 活动流程

08:15—08:30　　　指定地点集中，候车

08:30—09:30　　　乘空调 BUS 赴苏州泰迪农场景区

09:30—10:00　　　草坪开场游戏

10:00—11:30　　　泰迪农场：有着欧式城堡风格的泰迪城堡前坐着很多泰迪熊雕塑，到处都是泰迪熊雕像，随处可见泰迪文化，泰迪家族们和他们好朋友的玩偶剧表演，可以跟泰迪家族及好朋友合影哦！走累了的话，快来鲨鱼大滑梯过过瘾吧，这里简直是小朋友们的游戏天堂了，玩一玩划船对对碰，或者跟着爸爸妈妈一起静下心来垂钓不失为一件乐事！还可以给小动物喂养，激发了小朋友对小动物的爱心和责任感！也可以来个比赛，做个赶猪小能手！抑或来到 3D 奇幻馆一起拍摄神奇的照片！小朋友还能 get 到骑马这项技能，农场内还有马车，和爸爸妈妈坐

上去感受下马车上的风光吧！实在太累了，在软软的草地上铺个野餐垫或是搭个帐篷，不仅能亲子野炊，还能享受自然的风光！

11:30—12:30　　中餐（自理，可代办！）

12:30—16:00　　景区内自由活动

16:00—17:00　　返回指定地点，行程结束！

4.费用说明

80元/人

费用包含大巴车、景点门票、导游、保险，不含餐（可代办）

5.温馨提醒

本产品天天发团，请至少提前3天报名。无购物无自费！

步骤二：活动招生

平台宣传截图

有了线路，平台需要通过线上的宣传召集游客，并通过线上支付平台直接在线支付。

步骤三：游前准备

在活动人数确定后，要根据人数来预定大巴车，和泰迪农场预定餐，提前为每位游客买好保险，活动当天用到哪些活动道具也需要提前准备好。

步骤四：活动执行

活动执行环节更复杂，首先，要提前配备好领队／导游。因为有小孩，亲子游的领队配比一般是1∶40，大神级的领队也不会超过50个人，所以，假如这次来的游客200人，那最少要有五名领队／导游，这五位领队／导游要提前熟悉流程，学习开场游戏，执行过程中还要应付各种需求，处理各种想都想不到的奇葩情况，最终完成全天活动后把人安全带回。

小　结

简单算一笔账，200人的一日游收入16 000元＝200人×80元／人，需要支付给农场6 000元＝200人×30元／人，支付大巴车费4 000元＝4辆×1 000元／辆，保险费1 000元＝200人×5元／人。本次活动的毛利只有5 000元，再除去人员工资、带队提成、意外处理费用等，可以说利润并不算高，好在平台有自己的粉丝，并没有渠道成本，而市场上一般渠道费20％~30％，不敢往下算了。

而泰迪农场虽然看似只拿了6 000元没拿16 000元，但最后净赚的并不算少，因为它运营成本够低。假如泰迪农场活动方案自己做、执行团队自己养、招生渠道自己找，最后操了很多心，并不见得比现在挣得多，因为泰迪农场属于远郊区，距离苏州、无锡都不算太近，而且又属于"农场"，招人不好招；再者，泰迪农场是新项目，并没有客户的积累，如果不通过流量合作，很难直接面向C端市场在短时间达到盈亏平衡。**这时还不如选择合作，做自己不费劲就可以做好的部分，拿自己不费劲就可以拿到部分。当然，并不是说所有项目都适合合作，如果你有现成的渠道，有项目管理能力，也可以选择自己做所有环节的事，西安的幸福时光亲子体验营地就是这么做的。**

做自己擅长的一部分，因为这样最有效率。

三、模式及要点解析

泰迪农场利润率高,这归功于三点:① 流量用合作;② 自营项目成本低;③高成本项目靠招商。

1. 流量用合作

团客和 OTA 平台,这是两类重要的流量合作方。团客上文已经解读过,这里再补充一下 OTA 平台。

说起这在线旅行社,传统旅行社恨得牙咬的嘣嘣直响,这几年,移动互联网普及,人手一部智能手机,这手机轻轻一查,就知道哪里又出好玩的了,还有评价,吃得好不好,好不好玩,那叫一个清楚,一旦想去哪个地方玩了,开上车直接就去,私家车还助长了自由行的气焰。

最后,很多传统旅行社的客户被汇聚到了线上,可以说被几大流量寡头垄断。每个人手机里应该都有至少一个:携程、去哪儿网、大众点评、驴妈妈旅游网、途牛网、美团网等,都算。

这里以携程为例,2017 年,携程的月活跃用户超过 1.5 亿人,这意味着携程上大量的客户在根据携程推荐的景点制定出行计划。所以,OTA 平台同样可以把一个新项目和大量的潜在客户之间做对接。

所以,在信息大爆炸的时代,酒香也怕巷子深,客户需要慢慢积累,但项目等不起,项目建设阶段已经投入大量资金,如果在项目开业后,因知名度不高导致营业额撑不起来,很是可惜,也是资源的极大浪费。

在项目前期通过和旅行社、OTA 平台等的合作来增加园区的人气,撑起营业额的同时,还增加了项目知名度,也锻炼了运营团队,可谓一举三得。

2. 自营项目成本低

牧羊犬赶羊、小猪游泳、赶小猪比赛、奶牛挤奶、大舞台这几个项目都还有印象吗?都属于表演类的项目,这类项目的特点就是运营成本低。

小猪游泳。你 10 个人是看,100 个人也是看,500 人照样看,都是 1 个人和 10 来只小猪表演,边际成本很低。所以,这类"一个人玩,一群人看"的项目效率高,成本低。无论再多的人,只要有个站的地方,就可以参与进来,因为它的容量够大,边际成本够低。

仅靠表演类的项目还不行，毕竟小朋友过来是有自己参与项目的预期的，所以，泰迪农场的第二类项目是消化能力强的体验项目。**骑马、卡丁车、旱地滑道这三个项目都是，**虽然项目体验好，但是并不占据过多时间，骑马一圈不超过 5 分钟，卡丁车不到 2 分钟，旱地滑道更快，这在客流量较大时也是可以满足需求的，特别是团队客户，他们入园门票 30 元，农场提供有 6 个项目，一般卡丁车和旱地滑道可二选一。消化能力强的近义词是效率高，效率提高了当然也就提高了利润率。

3. 高成本项目靠招商

农场出场地，合作方出设备，农场负责售票，合作方负责完成服务和设备维修等，最后按营业额分账。

充气城堡、手摇船、碰碰车都是合作项目。

这一合作不大要紧，三个好处直接就来了。一来，农场省了部分投资，设备不用你买了，部分基础设施不用你建了；二来，农场省去了投资风险，假如你投了这个项目，却不受欢迎，这些都是损失，而合作就不一样了，一旦项目没有达到预期，只是失去了这块土地的机会成本而已；第三，这些合作的项目都需要维护、计时等，通过合作，农场不用操心这些事了，不用雇员工来照顾这些设备了。只是卖卖票。

所以，**泰迪农场是很棒的场地运营商，它把农场搭建成平台，绑定各类资源共同运作，发挥各自优势达到多方共赢。做自己擅长的一部分，因为这样最有效率。**

但！是！这里不得不告诉您，泰迪农场已经被暂停营业了，不过不是经营问题，而是土地问题。所以，这类项目的选址一定要了解相关政策，我把相关政策整理成了一个资料，想了解的朋友可以**关注公众号：农未来，直接回复：用地政策，**就可以看到了。

贝拉小镇

"乐园 + 研学",一个最有教育意义的儿童乐园

正门

景区标语——不止欢乐

景区导览图

一、项目图解

贝拉小镇是儿童乐园中最有教育意义的项目，或者说成是教育产品里最欢乐的项目。小镇东家给它的定位是**全国青少年成长教育基地和素质教育亲子乐园**。但你很难想到它所属的公司竟然叫"湖南贝拉文化产业集团有限公司"。

一会是乐园、一会是教育基地、最后又来了个文化产业，你心说这个小镇定位不怎么明确吧？其实不然，我可以负责任地说，贝拉小镇不仅定位明确，而且是"有组织、有预谋、有计划"的投资行为。

园区主要服务于3~15岁的亲子家庭，因为里面多为无动力设备，小于3岁的小小孩进来也没啥可玩的，而家长进来多是为了陪孩子，所以，这里是少有的儿童票贵（260元/人），成人票便宜（90元/人）的景点，成人票也叫"陪伴票"。

贝拉小镇，运营第一年（2017年10月至2018年10月）就接待约30万人，成绩还是相当不错的。可以说是同类项目的佼佼者，值得同业者好好研究，好好学习。

项目区位

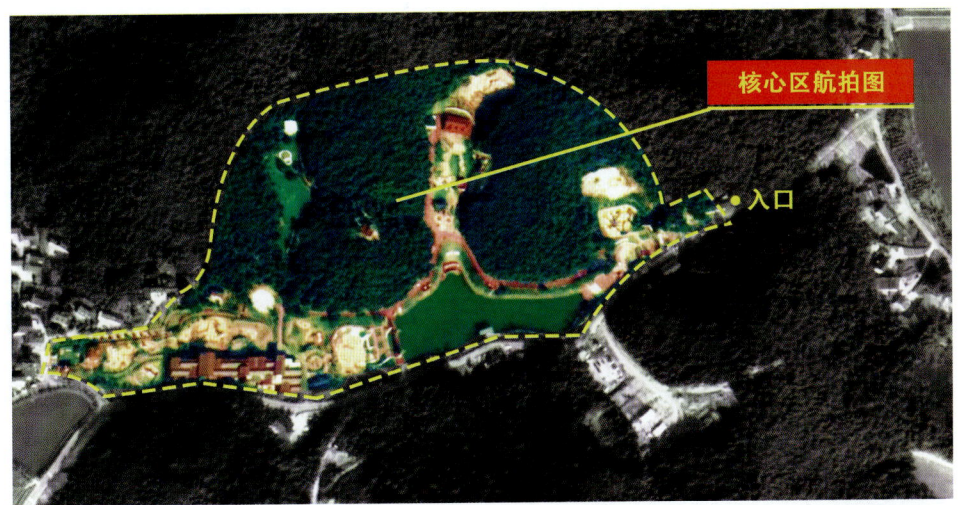

项目平面图

贝拉小镇的具体地址是：湖南省长沙市望城区金洲大道光明村，如果有想去玩的朋友可以直接导航"贝拉小镇"就行。不过提醒你一定要带小孩子，没小孩子不让买成人票的，之前有一个学员不知道，慕名而去，临时还借不着孩子，只能打道回府了。

贝拉小镇距离主城区大概 40 分钟车程，不能算特别近，不过它的客户基数较大，长沙市是省会城市，新一线城市，辖区下六区三县，常住人口约 800 万。不仅人够多，还能花，中国城市消费能力排名上排名第八。

贝拉小镇总规划 3 平方公里，第一期已经落地，如上图（不含停车场），除去山林部分，核心区面积不到 200 亩。

主题性的无动力设备园区有 9 个：探索飞行、智慧山谷、勇气滑道、攀爬接力、全员加速、森林穿越、最强大脑、鱼跃蓝天、集盒空间。

探索飞行区位置

探索飞行区实景

飞机造型

旋转太空舱

其他

　　探索飞行区占地面积约 1 000 平方米，有仿真飞机造型、旋转太空舱等，锻炼孩子身体协调平衡能力及与人协作能力。

　　探索飞行区在进门右侧，是小朋友来到小镇的第一个体验区，这个区域供小朋友们出汗出力，释放刚到小镇的激动。

贝拉小镇

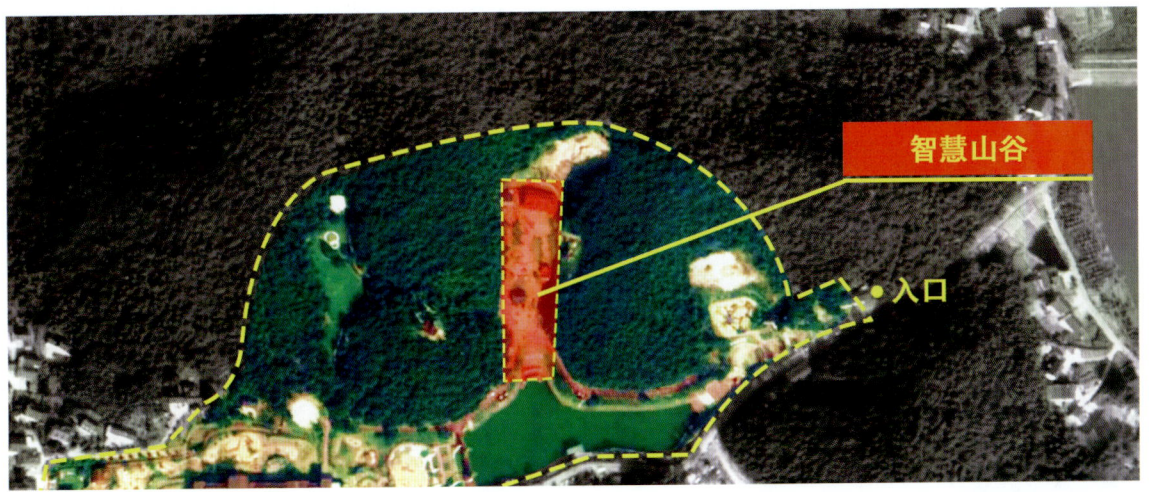

智慧山谷板块位置

智慧山谷实景

　　智慧山谷占地面积约6 000平方米，由木工房、风铃屋、阅读空间和一些户外的互动音乐设备构成。

智慧山谷之木工坊

木工坊内

亲子家庭体验木工

木工坊占地面积约 100 平方米,是木工体验的室内空间,平时会有专门的老师在这里指导。

每次可同时容纳 24 人体验,一般体验时间在 30 分钟左右。

智慧山谷之风铃木屋外观

风铃木屋顶部装饰

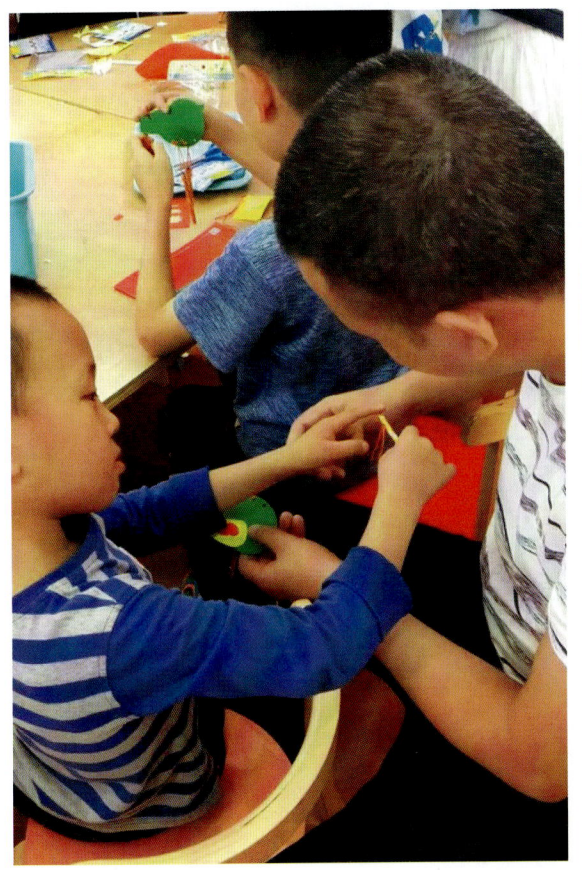

体验制作风铃

风铃木屋占地面积约 60 平方米，是风铃制作体验的室内空间。

智慧山谷之阅读空间

阅读空间内部实景

阅读空间占地面积约 500 平方米，是一个可供阅读、休息、玩耍的空间。

阅读空间还是很特别的，像是图书馆和游乐场的结合版，由于小朋友在家长视野里，这样既能满足小朋友的游乐需求，又能让家长有心情休息和阅读等。

与探索飞行相比，智慧谷属于僻静的项目，小朋友需要静坐下来，学习、体验、感受，而家长们这个时间也可以喘口气，休息休息。这样"先动后静"的路线设计还是比较合理的。

结合了一部分游乐设施

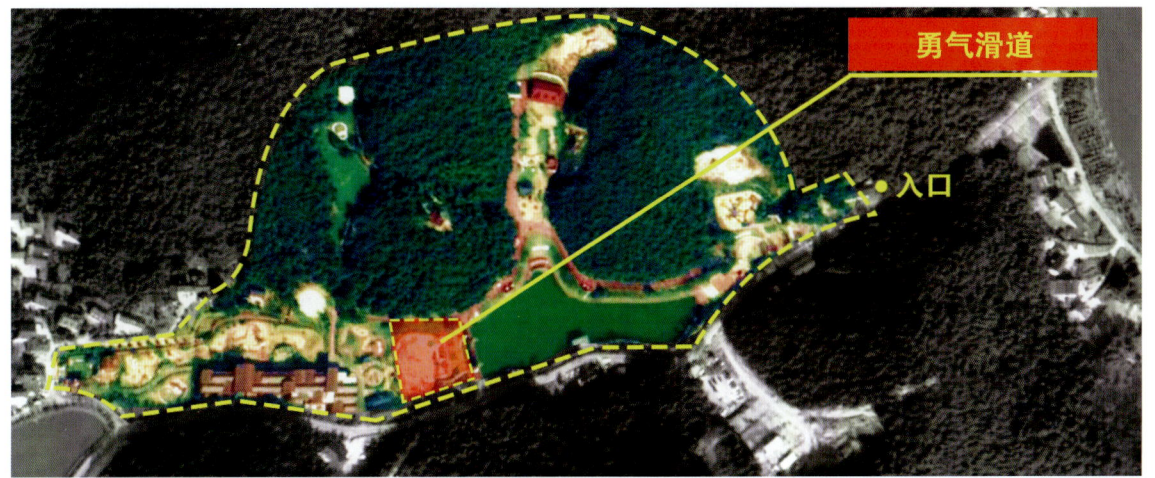

勇气滑道板块位置

勇气滑道区航拍图

勇气滑道区占地面积约4 000平方米，也是园区的核心区域，这里有一个酷炫摩天双子塔，是一个高15米，长44米的巨型滑道。还结合了绳网攀爬、攀岩攀爬、坡地滑道、高空滑道等多种功能性设备。

入园游客中，很少有不给这个项目拍照的，它是"原创定制"的园区标志性项目，就像奇幻童话城堡之于上海迪士尼，1:1的波音777客机餐厅之于成都的童话森林乐园，一提到巨型的双子塔就想到了贝拉小镇。

沙坑中是游乐设施

攀爬设施

酷炫摩天双子塔

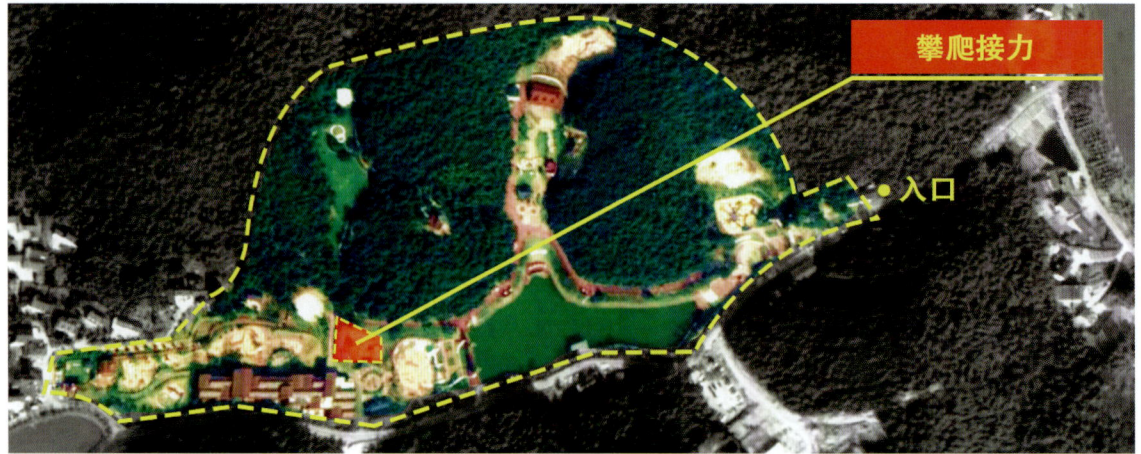

攀爬接力板块位置

13 米高的攀爬网

攀爬接力区占地面积约 1 400 平方米,最高的那个攀爬网高 13 米,让孩子在攀爬中锻炼信念和勇气,这是园区赋予设备背后的意义。

攀爬中的小朋友

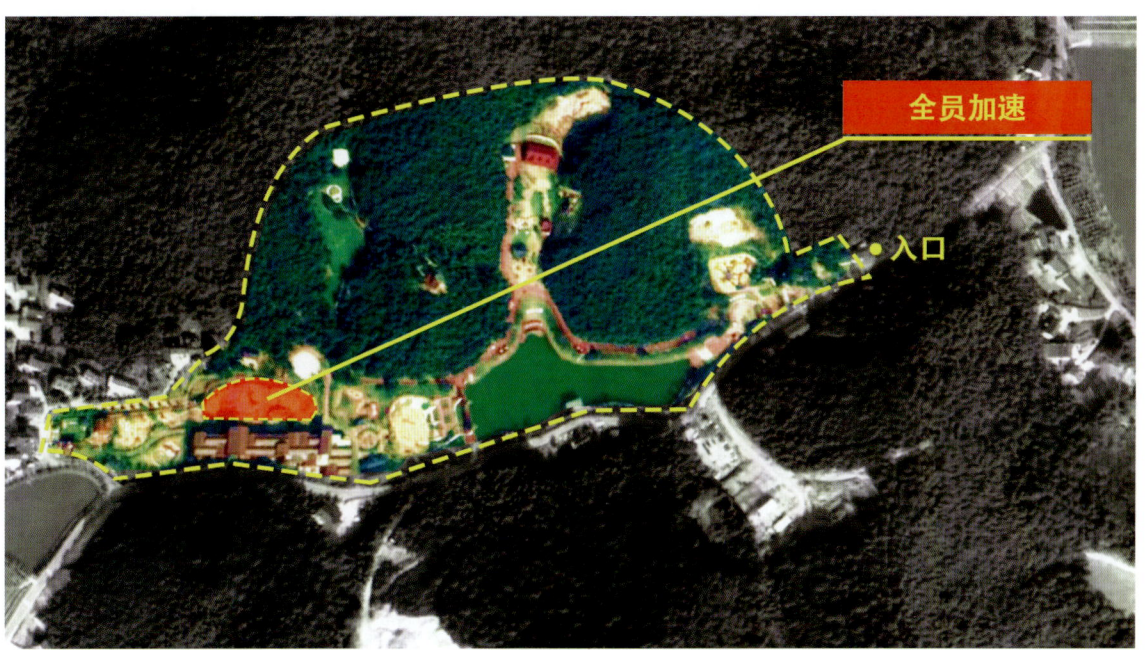

全员加速区位置

全员加速实景

全员加速占地面积约 2 000 多平方米，将高塔攀爬、滑道、秋千、钻、跑等多种训练和游戏方式融为一体，为总计 88 米长的游龙，园区赋予它的意义是：训练孩子们团队协作能力。

图解 10 个最新农乐园和户外儿童乐园项目

森林穿越位置

森林穿越实景

穿越森林占地面积约 1 400 平方米，以"精灵树屋"的攀爬、滑道游玩，结合"沙水游戏"，将快乐、好奇的魅力不断放大，让孩子在体验快乐的同时，得到谦让、相互帮助的训练。

阿基米德取水器

78

贝拉小镇

最强大脑板块位置

最强大脑实景

　　最强大脑板块是一个四层的迷宫，每层占地面积100多米，结合了传统的闯关游戏、竞技游戏和挑战游戏。

图解 10 个最新农乐园和户外儿童乐园项目

鱼跃蓝天板块位置

鱼跃蓝天实景

鱼跃蓝天里的蹦床

鱼跃蓝天这个板块占地面积约 800 平方米，"鱼"与弹跳设备的结合，让孩童仿佛身临其境，激发孩子弹跳兴趣、锻炼孩子的身体平衡能力及腿部力量。

80

集盒空间板块位置

集盒空间实景

就餐区1

一楼餐饮区

就餐区2

集盒空间内部实景

购物区

　　集合空间板块占地面积约 3 500 平方米，共两层，一层以餐饮、休息、购物为主；二层是儿童专项体验场馆，有娃娃家、积木馆、汽车馆、运动馆、贝拉电台等儿童专项体验场馆。

二层娃娃家

交通馆

运动馆

贝拉小镇

积木馆

交通馆

贝拉队长办公室

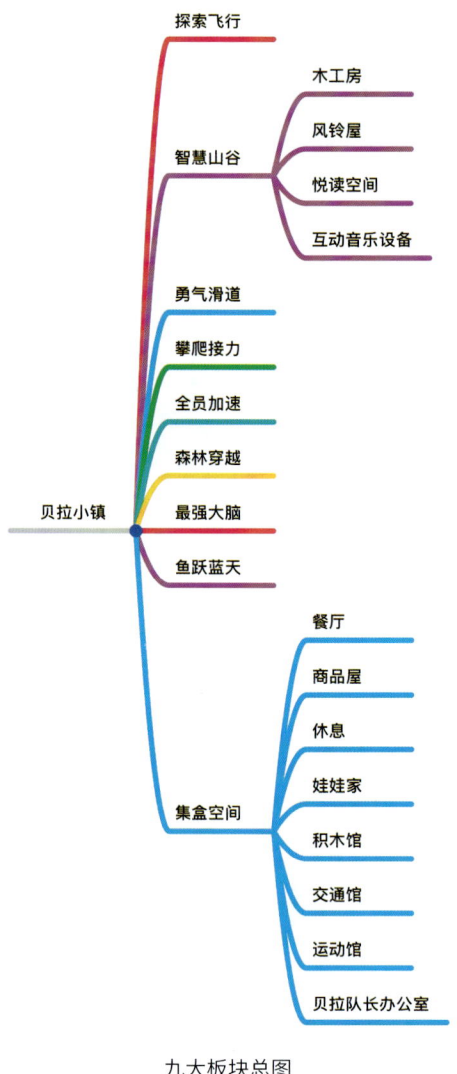

九大板块总图

有庄主说了，这不就是一个儿童乐园嘛，很常见的，似乎没什么好讲的吧。

如果只认识到硬件这一层，那距离红海就很近了，成都就是个先例，第一批项目，像田园乐翻天，就大梁酒店那个项目，起初还是很火的，可是后来出来很多个类似的项目，松鼠部落、蓝光水果侠、森林童话乐园，等等，大大小小的此类项目一只手数不过来，他们除了名字不同，里面的设备都相似，于是，消费者的选项多了，各个项目的吸引力下降了。同质化竞争严重的结果就是，要么打价格战，要么打营销战，总之，很难正常经营。

没办法，本来想着，这样的项目投资体量偏大，可能大家投不起，结果发现有钱人忒多，钱根本就不是门槛。

那什么才是门槛？此类项目如何做才能持续？我想借贝拉小镇这个项目，给大家做个解读。

二、贝拉小镇"六脉神剑"

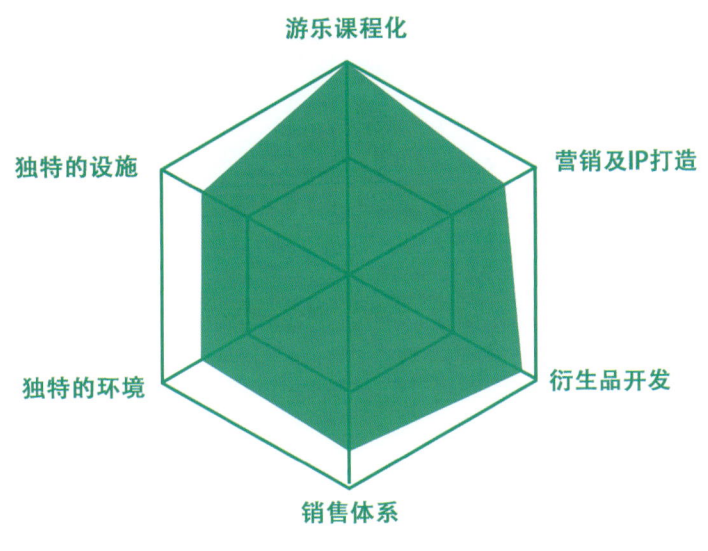

贝拉小镇的六脉神剑

钱不是贝拉小镇的门槛,而是要取决这六点:**游乐课程化、营销及 IP 打造、衍生品开发、销售体系、独特的环境、独特的设施**,这才是它的真正门槛。这一部分比较抽象,我计划把这六点拆开,分别用实例来解读。

1. 游乐课程化

贝拉小镇的 SLOGEN 是"不止于欢乐",后边还经常跟着这句"还有学勇气、学独立、学团队、学专注、学逻辑"

围绕着这 5 个点,贝拉小镇针对不同年龄段(3~5 岁、6~9 岁、10~15 岁)的孩子开发了 5 大类共 15 套课程。

是不是觉得很高大上的样子,实际上是把不同年龄段能玩的设备选出来,按照设备背后的教育意义进行排列组合,15 套 =3 个年龄段 × 5 种教育意义,15 套课程就出来了。

当家长带着小朋友买票的时候,会被问你家宝宝多大了?你今天要学哪个课程?小朋友每完成一项,贝拉队长给你盖一个戳。

门票也是学习手册

学习完一项技能可得到一个戳

完成所有任务得到相应勋章

戳盖满之后，可以领取一枚相应的勋章，学的勇气就领勇士勋章，学的独立就领独立勋章，等等。

有一类产品叫傻玩，而贝拉小镇则是让你在玩的过程中习得一项品德或技能，大家仔细体会两者的区别。如果你是孩子的家长，孩子生日要带他出去玩一天，二选一的话你会选择哪个？即使贵上几十块钱。

从这一点来看，方特有战略失误，方特的 SLOGEN 是"要欢乐，去方特"，直接把自己归为游乐园一伙的，这一归类不大要紧，竞争对手就特别多了，shopping mall 里儿童乐园、欢乐谷、游乐场等任何一家游乐场所，都是它的竞争对手，傻玩嘛。相比之下，贝拉小镇就很聪明，他很了解客户的需求，孩子不够独立，孩子不合群，**孩子没有团队精神……个个拿出来都是家长的痛点。以家长的痛点为中心，开发玩中带学的有教育意义的产品，又准又狠。**

教育的定位，不仅带来了更多的客流，还给了贝拉小镇更高的议价权。贝拉小镇儿童票 260 元 / 人，成人陪伴票 90 元 / 人，听上去是不是很高？那是和游乐项目相比，如果对标蹦床乐园，最多也不超过 150 元吧？如果对标欢乐谷，最多也不超过 130 元吧？对标最近的株洲方特的话，儿童票也不过 200 元吧？

研学基地挂牌

而贝拉小镇对标的不是这些游乐项目，而是教育产品，学个钢琴多少钱？学个绘画多少钱？去个夏令营多少钱？家长在面对子女教育问题时永远是不理性的。

而且，贝拉小镇并不是牙刷产品，不是天天来玩。贝拉小镇一年能去三次都不错了，宝宝生日、六一儿童节、十一黄金周、宝宝数学成绩提高 20 分……这几个场景能过来就行，所以这样的定位让它有更高的价格。

教育的定位，为贝拉小镇带来大量研学的客群。开业仅两个月，就拿到了研学旅行基地（创建）的牌子，2018年10月还拿到了第一批长沙市中学小生研学旅行基地的牌子。

别小看这个牌子的分量，它意味着你具备了接待学校研学旅行客户的资格。

据小道消息，学校及教委采购贝拉小镇的研学产品的价格是198元/人。

有朋友说了，研学基地的牌子和教育的定位有什么关系呢？这里补充一点，研学是教育部牵头做的事，文件里明确写到"通过集体旅行、集中食宿方式开展的研究性学习和旅行体验相结合的校外教育活动"，翻译成人话，不能傻玩，得玩中有学。如果你是个游乐园，没有一点教育意义，凭什么给你挂这个牌子呢？

这就是教育意义带来的门槛：更吸引家长、更高的议价权、更好的政策支持。

2. 营销及IP打造

那贝拉小镇的IP形象"贝拉队长"究竟为何物？辛苦大家拿出手机来扫描一下下方二维码，回复暗号"贝拉队长"，看一个视频，是贝拉小镇开业前制作的一个动画宣传片，能让你更多直观地了解这一点，这里并没有把营销和销售放在一起，因为贝拉小镇的大多营销活动是为了塑造"贝拉队长"的IP，而不仅仅是销售。

IP的概念特别重要，不过不太好理解，所以，大家尽量跟着我的思路去尝试理解。

IP这件事有过很多版本的解释，也被用在了各行各业，**不过站在农场经营的角度，IP更多承担的是消费者和产品之间的情感链接，或者说是品牌价值的鲜活载体。**

那贝拉小镇的IP形象"贝拉队长"究竟为何物？就是图片里面的蓝色贝雷帽，三道杠的小人——他是前世的美猴王、今天的孩子王，他是小朋友勇气、独立、团队、专注、逻辑的化身。

据说贝拉小镇开业后花了600万元广告费，分别打在了公交、楼宇、电梯、电视、电台上，**这些营销动作，或卖票、或传达优惠信息、或宣传活动等，都不同程度地把贝拉队长的形象结合进来，与其说是产品营销，倒不如说是贝拉队长的IP打造。**

公众号，打造贝拉队长新人

景区IP——贝拉队长

格。大家可以关注一下贝拉小镇的微信公众号"贝拉队长",看看他最近一个月都在发哪些内容?每天至少一条内容,除了常规的活动招募、打折促销,更多的是发一些教育观点、教育界的热点事件——《孩子作业写得心累,家长陪到崩溃……教会孩子这一点,做一个优雅的老母(父)亲!》《如何让孩子独立成长?皮克斯历时三年的精美动画片告诉你!》《孩子胆小怎么破?这场实训比100次教导都有效》……他在用这些内容和家长对话,经过长时间的熏陶,把贝拉队长打造成一个懂教育、孩子王的形象,同样是在塑造贝拉队长的人格。

门票上的贝拉队长

景观小品上的贝拉队长

座位上的贝拉队长

窗格上的贝拉队长

项目里的贝拉队长

草坪上的贝拉队长

甚至在集盒空间设置了他单独的办公室。

不仅如此，贝拉队长的形象在园区随处可见，从拿到票开始。最牛的地方在哪呢，"活生生"的贝拉队长真的在园区出现，并且你完成某项任务后，是要找到这个活生生的贝拉队长盖章的，只有经过这一关才能拿到勋章。

这样深度的互动体验，升华了客人和队长之间的关系，他不再是一个动画片里的队长，不再是一个建筑物前边的雕塑，不再是公众号里的表情包，而是一个可以看见，可以拥抱，真的有温度的队长。

另外，贝拉小镇来园区的票不只是自己的渠道卖出去的，通过让贝拉队长盖章的环节，让不同渠道的客户都能与这个灵魂人物建立链接。

活生生的贝拉队长

现在再读一下这段话，相信大家会有更深的理解：**在农场经营的角度，IP 更多承担的是消费者和产品之间的情感链接，或者说是品牌价值的鲜活载体。**

所以，在我看来，IP 是贝拉小镇区别其他项目最大的门槛，而且，时间越长，门槛越高。

3. 衍生品的打造

衍生品货架

衍生品商店

书包

帽子

贝拉小镇花了大量的精力和金钱用于"贝拉队长"的IP打造上，其实是在为自己的衍生产品铺路，因为IP能给企业两个东西：流量和溢价。

试想，如果你去一个商场逛街，一边是一个普通的猪的公仔，一边是小猪佩奇的公仔，价格一样的话，你会选哪个？这就是IP带来的流量，带给客户一个选择你的理由。

再想一件事，"情人眼里出西施"，为什么别人看着一般，但是你对象看你越看越喜欢，那是因为你对他了解，他的善良、孝顺、体贴等内在的东西在美化他的外表。**这就好像贝拉小镇的衍生品，因为对贝拉队长的了解，因为你和贝拉队长的情谊，你会天然的觉得他的衍生品的要比普通的贵，这就是品牌溢价。**

贝拉小镇还请了迪士尼的衍生品服务公司给自己做这些衍生产品，这些产品被买回去，对贝拉队长也有一定程度的加持，是一个相互促进的关系。

动漫、IP、衍生品……这些不正是文化产业吗？所以，文章开头我说贝拉小镇是一家文化产业公司。

4. 销售

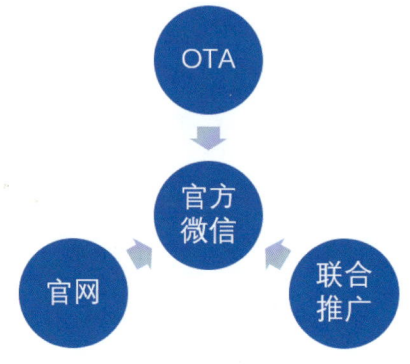

销售渠道示意图

携程

大众点评

贝拉小镇

09:30开园 | 购票须知 | 游玩攻略 >

休闲娱乐的好去处

4.0分

33条评价 >

榜 长沙小朋友点名要去景点「第4名」 NEW >

湖南省长沙市望城区金洲大道光明村贝拉路88号 地图 >

门票

【成人票】陪同票
最早可订今日 预订1小时后可用
有条件退
已售460 | 购买须知 >

¥85起 ¥90
返现8元
立即预订

【亲子票】2大1小票
最早可订今日 预订1小时后可用
有条件退
已售153 | 购买须知 >

¥398起 ¥418
返预点餐券
立即预订

【儿童票】门票
最早可订今日 预订1小时后可用
有条件退
已售305 | 购买须知 >

¥255起 ¥260
返现24元
立即预订

 签到　 拍视频　 传照片　 写点评

去哪儿网

官网

贝拉小镇有 4 种销售途径，换句话说，客户可能在以上 4 个地方看到贝拉小镇。

OTA 平台： 从左往右看，依次是携程、大众点评、去哪的售票截图，与美团、驴妈妈等也在合作，这些主流的 OTA 平台都在为贝拉小镇卖票，比贝拉小镇的窗口票要略便宜，他们把源源不断的**新客户**拉到贝拉小镇。

官网： 你在百度里搜索"贝拉小镇"，首页里就有贝拉小镇的官网。点开可以看到贝拉小镇介绍，票价信息，但！是！不能直接购票，右侧提示你"微信扫一扫购票"。扫一扫会让你关注贝拉小镇官方公众号"贝拉队长"，从那里可以购票。

现在，大量的人还有使用百度搜索的习惯，这些人通过官网源源不断地把新客户拉进来。

但！是！官网被点一下，贝拉小镇是需要给百度广告费的，这些新客户和 OTA 平台的新客户一样，都是有推广成本的。

贝拉小镇帮其他机构销售

其他机构帮贝拉小镇销售

所以贝拉小镇通过"微信扫一扫购票",把通过百度而来的流量,转化成自己公众号的存量。这样,复购就不存在再次花营销费用了。这就是为什么北京的洼里乡居楼成熟起来之后不使用OTA平台的原因,**当你的项目成为大家所熟悉的项目,当市场上的老客户已经够你吃的时候,OTA(移动互联网流量入口)和百度(互联网流量入口)就不再是最佳的客户来源。**

联合推广:看上边两个截图,是今年4月,贝拉小镇和长沙新东方培训学校的一些互推。

新东方培训学校在官微"长沙升学那些事儿"上为贝拉小镇发布了活动招募文案"福利 | 贝拉小镇邀请10 000个爸爸免费入园!你有多久不陪孩子了?",里面可以直接扫码参加贝拉小镇的这次活动。

而第二天,贝拉小镇在自己的官方微信"贝拉队长"为新东方培训学校推了一篇"学习福利!免费领取小学-高中各校试题及干货资料(升学、月考、中考试题)",想要领取这个福利,就得扫码关注新东方的官方微信"长沙升学那些事儿"。

你是游乐园,我是培训机构,咱们两家产品没有冲突,但客户群都是那一波有孩子的家庭。你把你粉丝给我,我多了500个,作为回报,我把我粉丝给你,你多了500个粉丝,最后,咱们没花推广费,但凭空多了很多粉丝。这就是互推,本是免费的客户资源交换。

不仅仅通过粉丝上的互推来促销,贝拉小镇还联合附近的光明松鼠谷、光明蝶谷推出暑期卡。

3个园区的票加起来1 430元,现在买只需要298元/张,3个景区可以畅玩。这卡在贝拉小镇卖,在松鼠谷卖,在蝶谷卖。如果你原来是贝拉小

联合推官海报

镇的客户,买完这张票你很可能去另外两个景区;而其他两个景区也会把客户分别导流给贝拉小镇,理论上,他们的名气分别扩大了3圈。

官方微信:先请大家思考两个问题,为什么贝拉小镇的官微每天发内容,而且内容很精致,排版很美观?为什么OTA平台便宜我还要去你微信公众平台购买?

OTA平台,它上面的价格便宜是肯定的,这也是垄断性资源对新项目的一个要求,你不给低点的价格咱们就没得合作,你不合作我就推别人,反正客源就这些,这是平台的想法。

可是,作为实体项目,他们更希望客户直接通过自己的渠道买票,这样利润最高。一方面有

合同约定不能降价，一方面又希望客户通过自己的渠道买票。贝拉小镇选择和自己的衍生品绑定销售，我自己的渠道不是略贵一点嘛，我再送你送你一个 25 厘米的贝拉队长毛绒公仔或一条吸汗巾。这样不违反规则，又吸引老客户通过自己的渠道购票。

5. 独特的环境

峡谷和堰塞湖的绝佳环境绝对是贝拉小镇的加分项，图片以及文中绝大部分图片都是实景拍摄，未经任何后期处理的。

有的客户会担心，说你环境固然好，但是开车 40 分钟会不会有点远？

现在自驾游居多，多开十分钟，少开十分钟客户真的会在意吗？周末哪里最近？楼下花园最近，而且免费。**客户既然出来一次，一不为省钱，二不为近个十公里，最重要的是产品和环境。所以，好的自然环境是一个很大的优势。**

6. 独特的设施

贝拉小镇给供应商提的要求就是"人无我有，人有我优"。所以，贝拉小镇的无动力游乐设备共 70 多种，有原创定制的，有海外进口的（德国、法国）。

而，这些所有的设备投资大概在 1 700 万元左右。

小　结

这种游乐性质的园区，投资回收期一般在 5 年左右，这意味着 5 年内你的项目不死，正常运营。

可是我朝人民似乎天然具备山寨的技能，一看到你项目红火，那类似的项目就如雨后春笋般出现。

解决的办法就是塑造行业壁垒，提高抄袭难度，**那什么才是壁垒？用钱买不到的、需要花时间积累的都属于核心壁垒：贝拉队长 IP 的打造，需要时间积累；游乐课程化绝对是创始团队长时间积累的经验；独特的环境、独特的设施……贝拉小镇的"六脉神剑"，招招都在塑造自己的核心竞争力。**

三、思考及对贝拉小镇的建议

说了半天好的方面，其实贝拉小镇也有短板。

有效运营时间短。除了种地，户外项目也是靠天吃饭的项目，在你本该最旺的季节下雨，在你宣传费用花出去之后因为天气原因来人少甚至活动取消都是有可能的。

长沙的天气更特别，1—2月冷，人不愿意出来，长沙的冷和北方的冷还不一样，北方的冷属于干冷，长沙的冷属于湿冷，很多北方人到南方上大学反而觉得冷。好不容易到了3—5月，天气转暖，鲜花盛开……结果，这也是长沙的雨季，因为长沙属于亚热带季风性湿润气候。6—9月，好不容易不下雨了，天气太热。所以长沙运营最好的时间是10—12月，只有短短3个月时间。

因为淡季很淡没办法，就得想办法在旺季多接人，贝拉小镇十一开业期间，平均每天8 000~10 000人。这导致了很多问题，首先是停车场，门口停车场停不下，只能启动其他停车场，可是其他停车场有的离园区两公里，家长带着孩子走过来要崩溃了，用接驳车接的话按时间表发车不方便。**其实，贝拉小镇可以考虑做夜场活动，或者增加水上项目，这样可以拉长运营时间。**

另外一个更难办的问题是团客和散客的同时接待问题，贝拉小镇显然一开始并没有想象到团队客户的量能这么大，所以产品一开始是为散客而优化的，这容易出现一个问题，你接了一个大团，这个团在10—11点安排的项目勇攀珠峰，可是这个时间有散客正在使用这个项目，你怎么办？把人家撵走吧不行，不合适，毕竟人家是花钱进来的，可是如果不撵走的话团队客户的意见更大。或者，散客一看这个区域有一个团队在使用，他不好意思打扰，如果团一多，他发现除了园区出口没有人抢，其他项目都有团队在使用了。**所以，在做项目之前一定做好市场调研和政策研究，省得运营时发现问题再改就难了。**

青天寨农庄

"轻拓展 + 农家乐",一个懂得客户聚焦的项目

农庄正门

农庄平面示意图

种植板块航拍图

青天寨生态农庄是一个专注于服务中小企业的农庄，200多万元起步就开业了，现在每年可接待5万客户，年营业额约900万元。

即便如此，农庄在发展过程中也是经历过艰难的几年，2008—2012年，项目仅农业为主，一直效益不佳。

当时，要么扔掉100多万元投资，要么再追加100多万元上来转型升级。2012年，**农场拿出50亩作为核心区，引入新项目，并首创了"轻拓展+农家乐"模式，成为全国四星级休闲农庄，并一直持续今天。**

创始人阿云也是个厉害人物，不仅做出了成绩，还不介意与同行分享经验，因此被聘为中旅协休闲农业与乡村旅游分会的专家库成员。

之所以解读这个案例，是因为它的主要客户群及产品适合全国所有地区，企业嘛，北上广深有企业，二三四线城市也有企业，只是数量多少不一，我们可以从青天寨农庄的成功探索里找到适合自己的方法。

一、项目图解

项目区位置

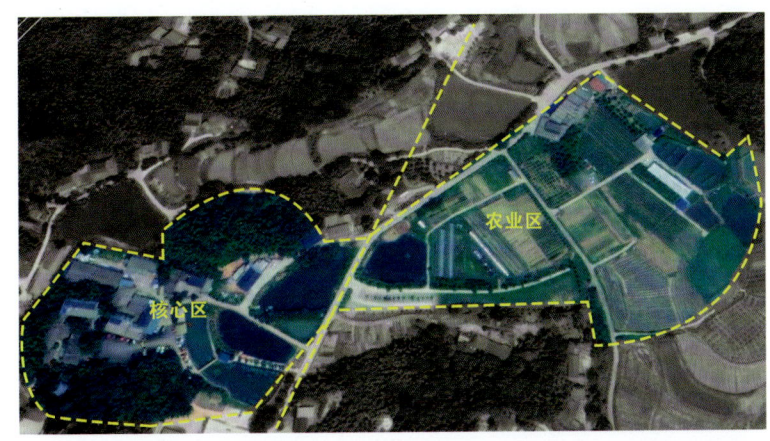

农庄 2 个板块

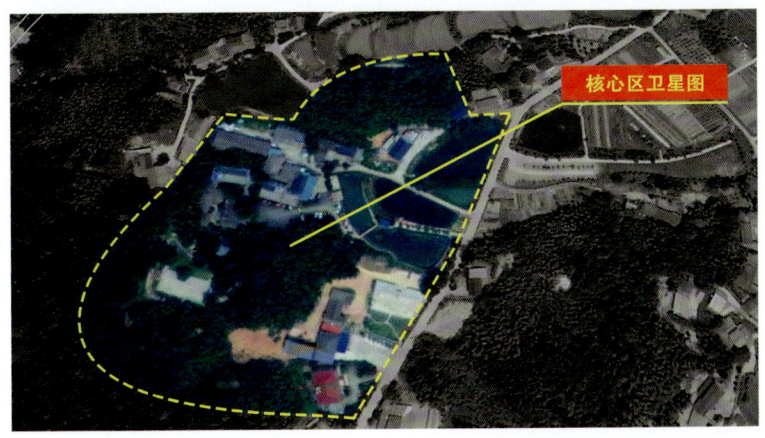

核心区卫星图

青天寨农庄位于长沙市望城区，距离它的主要市场长沙市约 17 公里，距离湘潭市 57 公里，距离株洲市 79 公里。

从项目平面图可以看出来，项目有两大部分组成，核心区和农业区。核心区占地面积约 50 亩，也是接待客人的主要场地。

因为农业板块大同小异，咱们重点解读核心区的部分，核心区由 8 个板块组成：森林篮球场、拓展基地、树上探险区、真人 CS 战场、林下散养区、餐饮区、后院、会议室。下边分别看一下。

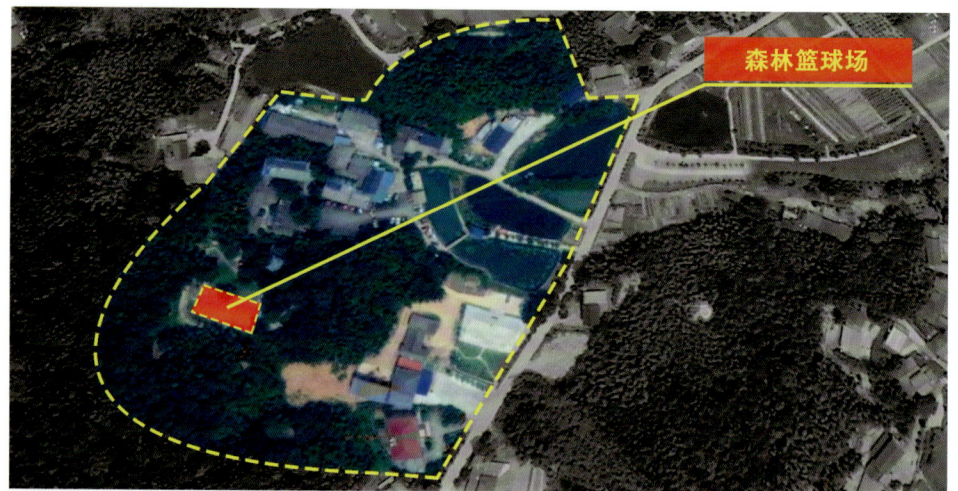

篮球场板块位置

篮球场实景

森林篮球场占地面积约600平方米,不仅可以用来打篮球,还是企业等团队拓展的活动场地。

和一些营地的足球场类似,反正是要种草坪,两头放上球门还能当足球场,一场多用。

篮球场上的拓展活动

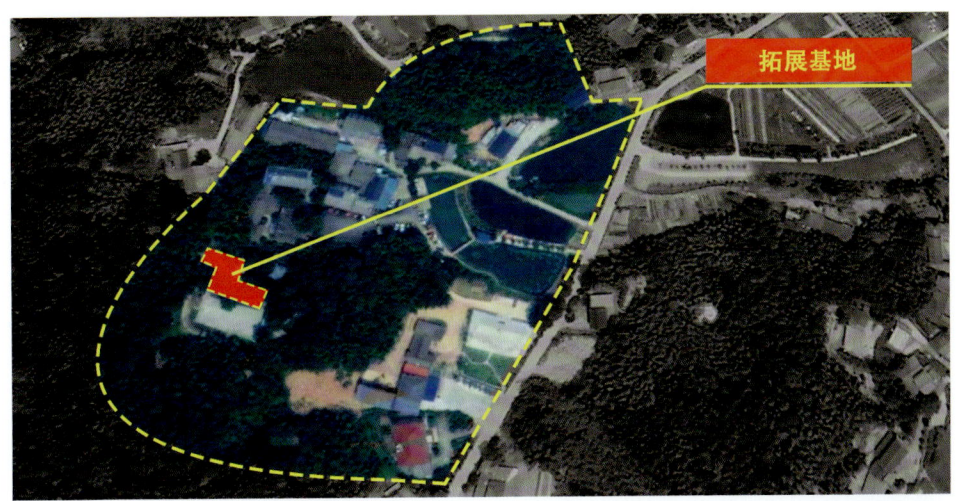

拓展基地位置

拓展活动　　　　　　　　　　　　　　　　拓展设备

合影处的广告牌

　　拓展基地占地面积约600平方米，由一片草坪和一圈拓展设施组成，功能与篮球场类似，也是团队拓展的活动场地。不同的团队可以在不同的场地上进行，互不影响。

　　经常合影的地方设计上了联系电话，这个做法比做广告好得多。

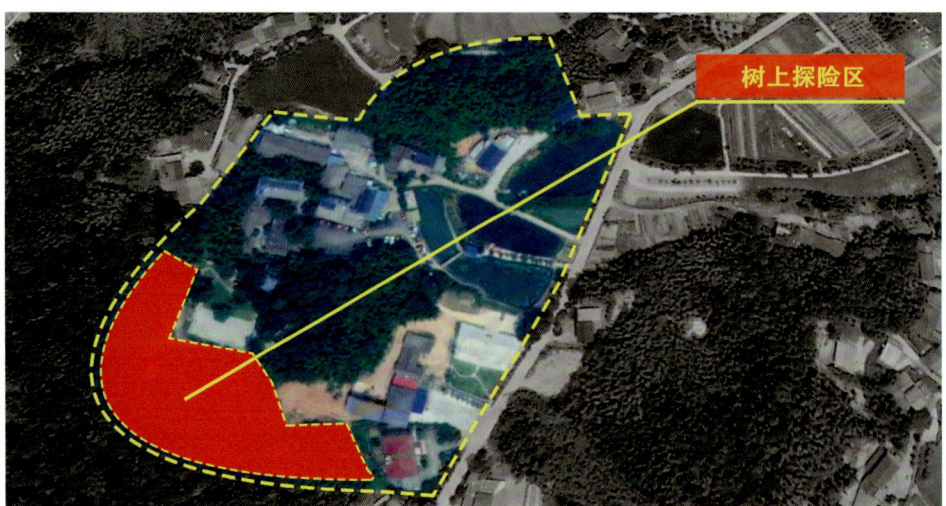

树上探险区位置

树上探险成人线路

树上探险区实景

树上探险儿童线路

　　树上探险区是基于山林做的设施，也是农庄的核心板块。有三条不同难度系数的线路，有适合六岁以上孩子的，有适合女人的，有适合男人的。

　　通过一圈大概需要40~60分钟时间，同时可容纳40~50人左右。

　　树上探险区对外的市场价格分别是：68元（孩子）、98元（女线）、128元（男线），分享微信还可以便宜大概20元。

　　这个板块虽然也接受散客，不过更多的是给公司团队来用。

同一片山林下还散养着土鸡，一林多用

参与树上探险的线路经过土鸡散养区，所以，有客人刚下来就要买散养鸡和土鸡蛋。不仅充分利用了资源，还起到了广告的效果。

因核心区与农业区距离较远，来核心区参与拓展的客人并不知道这个农庄还有安全的农产品，用这种方法算是对这个缺憾的一个补充吧。

林下CS战场

CS 实景图

CS 活动现场

山林的第三个用处是CS 镭战场地，也是农庄核心项目之一，天然的"作战环境"还是很特别的。

CS 镭战、树上探险和午餐经常被绑在一起提供给企业，这就是"轻拓展+农家乐+CS 镭战"的由来，后边的产品部分会举一个例子说明。

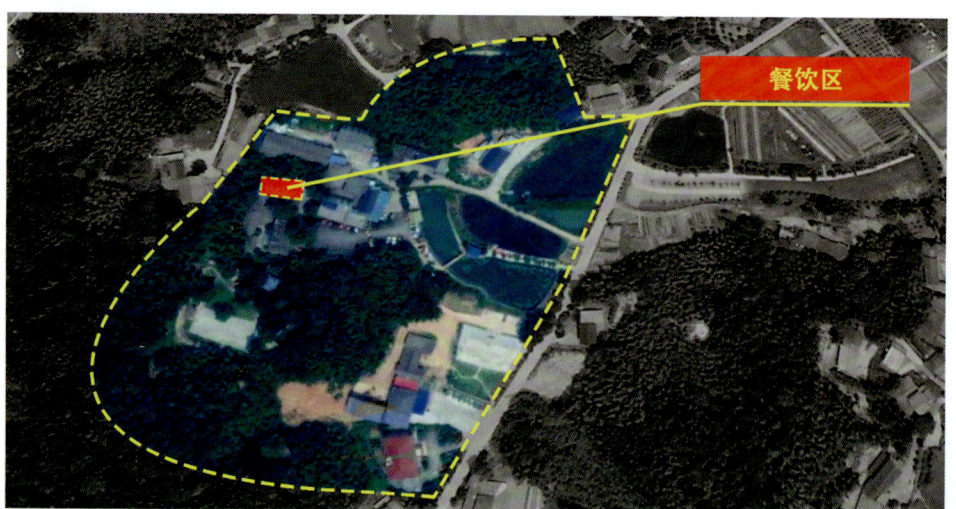

餐饮区位置

这个三层建筑的一层是餐饮区，占地面积约300平方米。加上一些其他用餐区，算上翻台，园区最多可以接待40桌。

餐饮区外观实景（一楼餐饮）

餐饮区内部

乒乓球

在后院有娱乐项目如桌球、乒乓球、KTV等，这些项目也经常被排在团队客户的自由活动时间。

KTV

桌球

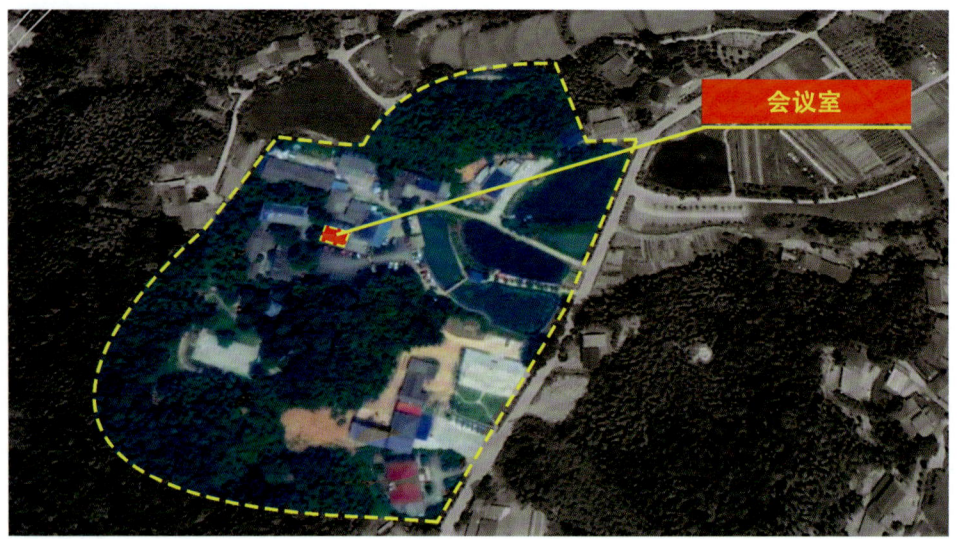

会议室位置

会议室建筑外观

这是小会议室，可以容纳大约40人。

以上就是核心区所有主要板块，森林篮球场、拓展基地、树上探险区、真人CS战场和餐饮区是主要的服务板块，后院娱乐区和会议室属于配套设施，林下散养区更多的是用于农产品品牌建设。

二、主要客户群及对应产品

在我们的常识里，钓鱼、吃饭、打牌这是典型的农家乐产品，可是青天寨偏偏不做这个生意，庄主阿云的原话是这么说的："如果你只是找地方钓鱼、吃饭、打牌，请不要到青天寨来"。

青天寨在传统农家乐的基础上加了轻拓展+CS镭战，提出"轻拓展 + 农家乐 +CS 镭战"的模式，主要面向有拓展需求的中小企业团体。

以某团队 2016 年 11 月在青天寨组织的半天活动为例。

13：00 左右到达青天寨农庄

13：00—13：15 下车休整，领导讲话，农庄工作人员介绍

13：15—15：30 团队拓展项目不倒森林、步步高、鼓舞飞扬

15：30-17：30 树上探险

17：45—18：30　晚餐

18：30—19：00　自由活动

19：00　　　　　结束返程

这个团队半天贡献的营业额约 7 000 元 ≈ 40 人 ×178 元 / 人；收费上，农场采用按人头收费的方式，并不是按消费项目计算费用，原因后边还会详细讲到。

像这样的团队，农庄每天最高可以接待 400 人，成本主要是教练的人工成本和餐饮成本，据庄主阿云说，农庄的利润率在 20% 以上。

近期还有这些团队到青天寨组织过活动：御家汇仓储管理中心、科大四幼师团队、湘军教育团队、长房白沙湾物业、湖南金基环境智能工程有限公司、安吉智行、致尚诚网络科技、湾田集团、可口可乐、长沙沁源商务有限公司、许多地产公司、新长福等。

这些团队的活动时间不挑，有周一到周五出来的，也有周六、周天出来的。这大大地提高了园区的可接待天数， 阿云庄主算了一下，除去夏季、冬季，除去重大节日、除去阴雨极端天气，青天寨的全年的运营时间在 200 天左右，这比其他只在周末才有客人的项目要高出很多。

对于全国其他地区的庄主来说，这个客户群及产品有很强的适用性。从客户群上看，企业 / 公司，别说一二线城市，就是三、四、五、六线城市，哪怕县城都有，只是数量多少不同；从产品的门槛上看，"轻拓展 + 农家乐 + 镭战"，其中，农家乐餐饮部分没什么门槛，镭战也只是布置个场地和添几杆枪的问题，只是拓展是个技术活，园区要能找到合适的拓展教练，有的地方拓展教练的成本是很高的，单独用一天成本一两千也很正常，所以青天寨采用"轻拓展"的方式，做一些简单的好掌握的拓展游戏，其他的你去树上探险就行。并且，他选择的客户群是"中小企业"，他们出行的时候需要休闲娱乐的属性强，团建的属性弱，这样的产品也是能满足大多团队一天活动需求的。所以说这个项目的可适用性比较强。

三、总结

有一个问题一直困扰着很多庄主：农庄如何找到自己的核心竞争力？

青天寨已经做出了表率：它没有高大上的硬件设施，没有非常大的场地优势，甚至没有太复杂的组织机构，更没有很重的投资，但项目每年可以做到 900 万元营业额。并且从 2012 年开始，一直持续到 2019 年。

庄主阿云总结为：主题化、专业化、边缘化，他认为这也是农庄未来的发展方向，总结一句话是"聚焦市场"。

对于青天寨来说，2012年转型时选择了"中小企业"作为他的主要客户，而这个客户对于周末休闲人群相比，那绝对是一个小众的客群。可是，小众客群就意味少吗？不是的，据庄主阿云说，长沙大概有10 000家企业，50万人，按照青天寨现在的接待量，10年才能吃下这个市场，这还不算老客户回购，还不算湘潭和株洲的市场。

这一聚焦不大要紧，几个好处立马就来了：

第一，竞争对手立马少了。

第二，更有效的推广方式。

第三，更有效的产品。

第四，更精准的投资。

第五，更适合团队的定价方式。

第一，聚焦之后，竞争对手立马少了。如果是吃饭、钓鱼、打牌，是个农家乐都可以做，这在长沙太常见了；如果是游乐园，贝拉小镇、株洲方特这几个亿的投资，你不能做得更好；可是，如果你是为"中小企业"提供"轻拓展+休闲"的产品，试问在长沙还有哪个？这竞争对手立马少了很多。

第二，聚焦之后，能找到更有效的推广方式。聚焦了客户，有了清晰的客户画像，也就更容易通过网络建立链接。阿云很形象地描述了这个过程，他说，超过30个人的企业，外出的拓展的决策流程是不一样的，一般是人事部的90后小妹妹负责安排，她不认识拓展公司，只得在百度里查，打电话问。而常见的农庄有吃饭、唱歌、打牌、钓鱼等业务，3个电话下来就混乱了，什么也记不住，也拿不准主意应该去哪里。而问到青天寨的时候，营销人员会加一下小妹妹微信，根据她的要求做一个标准方案，方案包括主题、流程、活动宗旨、注意事项等，其实是在现成的方案库里改一个出来，发给客户。这样，通过网络很快速地找到客户，通过自己的优势，快速拿下客户。假如你的客户五花八门，什么人都有，你又能通过什么方式捕捉到他们呢？为了拿下他们，你又需要准备多少类多少种方案呢？这就是聚焦的好处，可以达到有效的推广方式。

第三，聚焦之后，产品更有效率。因为主要做中小企业客户，所以，农庄的规矩是"不预约，不接待"，这样农场有限的资源可以得到合理的利用，人数不会超过上线，而进来的人的感受又好。还有，中小企业有一个隐形需求，那就是要求"性价比"，能省则省，所以这里采用的是"轻拓展"，而不是专业的拓展教练和专业的拓展场地，所以，这里成本更低，价格也就更低。另外，中小企业中一部分出来拓展并不要求要达到一个什么的团建效果，娱乐的需求更强一点，青天寨都能满足。同时，餐饮也更有效率，青天寨每天接 400 人的时候，后厨只需要 4 个人，外加 2 个帮工就可以应付，因为这里有一条，不允许你点菜。正是客户聚焦了，且多是团队客户，所以餐饮更容易标准化，也更有效率。

第四，聚焦之后，可以更精准地投资。如果你去过青天寨，并不会觉得它有什么特别的，无论是设施的豪华程度、项目的丰富性、还是场地的开阔性等都不突出，但这并不影响它的接待效果，因为这些配套对它的主要客户群已经足够了。

第五，聚焦之后，可制定更适合的定价方式。上边提到，负责安排拓展的 90 后小妹妹最害怕有隐形消费，给公司报的预算是 5 000 元，结果花了 8 000 元，那老板回去对你有看法，而青天寨就不一样了，一价全包，你这一天都要做哪个项目，吃几顿饭，最后报给你一个价格，按人头收费，这样回去之后不会有太大出入。

通过这个案例，我希望给大家一个思考的方向，如果想要核心竞争力，那就聚焦你的客户吧，在资源有限的情况下，火力越集中，优势越明显。

但青天寨也有自己的问题，核心区面积过小，导致接待量上不去，如果把农业区再划出一部分出来做旅游接待，管理成本会增加。所以，未来大家在规划过程中，一定要考虑到核心区的扩大问题。

> 硬件最容易模仿，软件才容易形成软实力，青天寨积累了 20 多个投资小、易上手、又比较有意思的拓展项目，我把他们整理下来，放在微信公众号里了，**关注公众号：农未来**，直接回复：**拓展项目**，就可以看到了。

田园乐翻天

200亩地，5 000万元投入，年接待60万人，一个大型文旅项目里的儿童乐园

景区正门

景区实景

景区鸟瞰图

　　田园乐翻天算是很多"农乐园"的老师了。一来它做得比较早，2013年开始建设，2014年就已经开始对外营业，至今成功运营近5年时间；二是因为它有很多创新，稻草人主题的运用、当地传统文化的融合等，有很多创新和有益的尝试；当然，项目的运营数据也是非常不错，不到200亩的项目，陆续投入约5 000万元，每年可以接待约60万游客，门票18元/小孩，28元/成人。

　　其实，田园乐翻天是"大梁酒庄"的二期板块，虽然在独立运营，但是为整个文旅项目起到了"引流"的作用。

　　时间过去好几年，进入2018年，看到了这类项目的兴起，就越发佩服梁董事长当时超前的眼光和意识。

　　之所以把这个项目收录进来，一方面看好它作为独立项目时的投资前景，另一方面也看好它作为配套项目时"流量引擎"的作用。

一、项目图解

项目区位图

项目卫星图

项目占地面积约 200 亩，北边紧临着一期项目大梁酒庄。位于成都·邛崃，距离成都市中心约 80 公里，距离眉山市和雅安市也在 80 公里以内。

成都市辖区总人口约 1 400 万，眉山约 350 万人，雅安市约 155 万人，总共可覆盖约 1 900 万人口。

成都市人均 GDP 约 7.7 万元，不仅如此，四川作为天府之国，自古富足，人们过着安逸的生活，怪不得农家乐会最先出现在成都。

总结一句话，项目辐射到的人口基数大，消费能力强，消费意识有，这是项目的背景。

广场板块位置

广场航拍图

广场实景

广场两侧的兵马俑

邛崃竹编体验

入口广场是检票进来之后的第一个板块,是游客进来之后的集散地,占地面积约 1 000 平方米。

广场上站着 100 位穿着稻草人的兵马俑,凸显项目的文化气息的同时,也重申了稻草人的主题。

两边的房间是体验馆,有邛竹编、邛陶等体验项目,体验这些项目需要再额外收费,10~20 元不等。

美食广场位置

狼牙土豆

美食广场实景

酸辣粉

    美食广场紧挨着入口广场，销售有邛崃的传统小吃，如钵钵鸡、奶汤面、狼牙土豆、酸辣粉等。

    美食广场以销售本地传统美食为主，而不是什么火卖什么，价格在 10 元钱左右，好吃不贵，这也看出他们做文化的决心。

    不过美食广场很小，只有约 300 平方米，怕是很难满足几千人甚至上万人的就餐需求。所以，园区也会提醒远道的客人，门票只能进一次，建议先到大梁酒庄那边就餐，再进园。从这点也能看出乐翻天在整个文旅项目中的作用。

    成都等地的客人距离都比较远，过来差不多到饭点了，把美食体验广场放在刚入园的地方，不知道是不是处于这方面考虑？

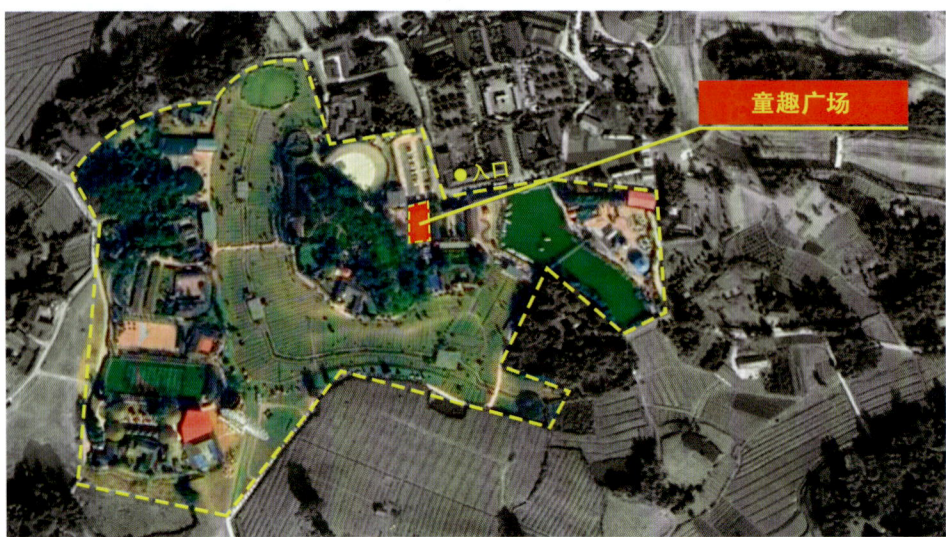

童趣广场位置

童趣广场实景

亲子活动现场

小推车

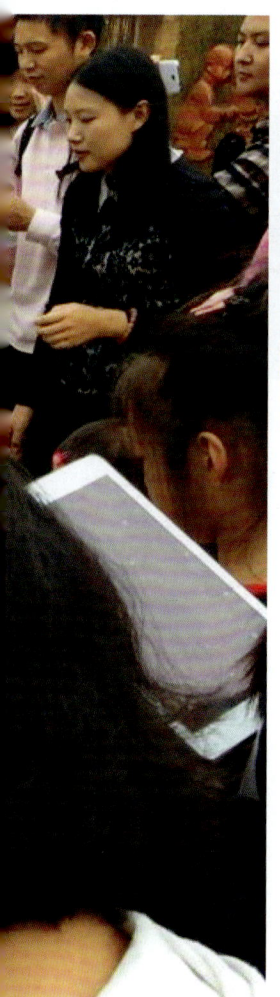

拔河

滚铁环

继续往里走是童趣广场，一个由舞台、活动广场组成的板块，占地面积约500平方米，广场两侧树立了一些老游戏展示牌。

童趣广场有4个功能：周末或节假日，这里可以开展民俗表演；对于散客，展示牌展示了一些邛崃的传统游戏，家长可以向孩子说说自己小时候玩过什么游戏；还可以作为比赛场地，用于老游戏来组织一些比赛；闲置时也可以用作团队活动的场地。

和前边的美食广场一样，童趣广场不是什么游戏火就上什么项目，而是以体验本地传统游戏为主。

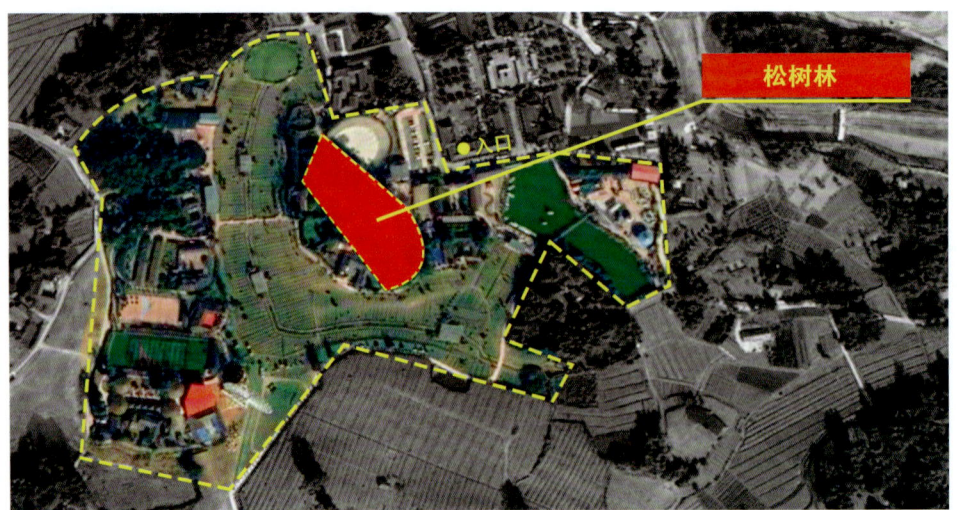

松树林板块位置

功夫熊猫稻草人雕塑

白雪公主和七个小矮人

松树林是一个稻草人展示和游客休息的场所。

展示有功夫熊猫、白雪公主和七个小矮人、唐老鸭和米老鼠、临邛城（古邛崃）等，可供游客合影拍照；同时，林下的草坪，可供游客休息。

临邛城楼

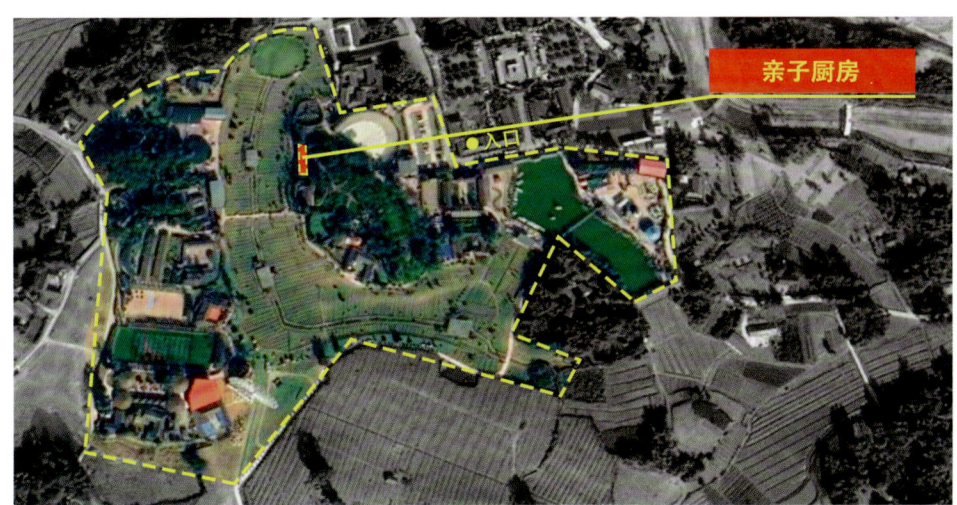

亲子厨房板块位置

亲子厨房实景

做饭现场

享受美食

　　亲子厨房由土灶、饭桌组成，让亲子家庭可以体验到小时候土灶做饭、围在一起吃饭的场景。

　　不仅散客家庭可以体验，亲子厨房也成了很多亲子团客比较受欢迎的项目。

　　园区收取基本费用50元/灶，包含调料1份、大米2斤、油等，菜、肉等需要另外收费。

花海位置

油菜花

格桑花

  花海占地面积约 40 亩，贯穿整个项目中间核心地带，大片的花海形成景观，吸引大批游客过来。

  不同的季节有不同的花开：3—4 月油菜花；4—5 月牡丹花；9—10 月格桑花。

  这类面积不大、花期时间长的花海还是值得做的，一方面可以吸引到游客，另一方面很容易通过客人的朋友圈传播出去，创造"老带新"的机会。

葵花

花海中间还点缀了一些稻草景观小品：熊大熊二、金字塔、曹冲称象、孔融让梨等，每个小景观是一个故事或场景。

曹冲称象　　　　　　　　　　　　　　　　　　　　熊大熊二

孔融让梨　　　　　　　　　　　　　　　　　　　　金字塔

水上游乐区

水上拓展设备

水车

  贯穿整个花海有一条水系，水系中点缀着一些水上拓展设施，供游客免费玩耍。

水枪大战

花海游乐区航拍图

花海两侧设置了一些收费的游乐设施，也是田园乐翻天门票之外最大的进项，以下分别列举：

蒸汽小火车，10元/2圈

七彩滑坡，35元/人

七彩拖拉机，10元/圈

施工乐园，10元/10分钟

摩天轮，20元/人

索道，20元/次

疯狂迪斯科

云中漫步

跑跑卡丁车，30元/圈

碰碰车

充气城堡 10 元 / 人

彩虹水上乐园

水上项目区

水上碰碰船 10 元 /10 分钟；脚踏车船 40 元 /30 分钟；水上手摇船 10 元 /10 分钟；水上滚筒 10 元 /10 分钟。

乐巴车，10元/5分钟

骑马，20元/圈

青蛙跳，20元/人

自控飞机，15 元 / 次

这个没记住叫什么名字，10 元 / 次

立环跑车

旋转飞椅

旋转木马，10元/次

立环跑车

以上就是园区中的收费项目，大大小小约30个，有无动力设备，也有动力设备；每个游乐项目的价格在10~30元不等。

"低门槛、高空间"，非常好的商业模式，18~28元门票的门槛足够低，这一天下来，增加任何一个增值项目都可能把客单价翻番，翻番，再翻番。

自由拓展区（免费）

穿越

田园乐翻天

木桩

秋千

其他拓展设备

出口附近有一个免费的无动力设备区,设置一些比较简单的秋千、滑梯等设备。

峰终定律——最后给个甜枣,换来更多客人的好口碑。

以上就是田园乐翻天的所有核心板块,其中花海和稻草人做出大环境,免费的无动力设备是配角,增值项目唱主角。

二、主要客户群及对应产品

我们开头有提到，田园乐翻每年为整个文旅项目引入 60 万～100 万人（买票进来的）。这些客人是在什么情况下来？来的客人通过什么方式把钱花出去？通过这两个问题引出田园乐翻天的三类客户及产品：日常散客及日常产品、节庆散客及节庆产品、亲子团客及团队产品。

1. 日常散客及日常产品

有孩子的家庭对周末出行的需求更强烈，因为家长更希望带孩子走出去，或游玩、或接触大自然、或学习，总之不愿待在家里。

而周末出游还是以一日的近郊游为主，田园乐翻天正好符合这个需求，首先，它的设计视角是孩子；第二，它距离成都、雅安、眉山等地的距离不超过 100 公里。所以，理所当然地成为选项之一。

针对日常散客，园区提供有门票／套票两种消费方式，下边分别看一下。

门票：成人票 28 元／人，儿童票 18 元／人，入园后可以享受所有免费项目，如花海、和稻草人合影、在免费的无动力区玩耍等，玩增值项目就得另外交钱了。

套票有四类：儿童套票 99 元（含入园门票及 14 项游乐项目）；成人套票 99 元（含入园门票及 5 个项目）；1 大 1 小的亲子套票 190 元（含两张入园门票及 13 项游乐项目）；2 大 1 小的亲子套票 230 元（含三张入园门票及 13 项游乐项目）。

针对散客的这两种收费模式更像是点菜：只购门票的相当于只点了主食，进去之后再点菜，点的每道菜都是自己喜欢的，只是总体价格偏贵；相反，购买套票的相当于点了卖家推荐的标配，主食和菜都有了，菜品丰富，相对划算，但不见得每道菜都爱吃。但无论哪种收费模式，这一天下来的消费没有 100 元也有 80 元。

而这类散客的出行规律是这样的：他们一般会选择周末和节假日出来，全年 7、8 两个月最热，不爱出来，其他月份的周末都有这样的散客进来。这样的散客在园区的接待量上不会有特别大的波动，因为属于是偏刚需的产品。

对于其他庄主而言，想要以这类产品接这类客户群，就要求你的产品够丰富、客户基数足够大。产品丰富好理解，如果项目不能满足人家一天游乐的需求，就会觉得没意思，毕竟人家是"一日游"；第二个维度"客户基数"也很重要，如果你把项目置办齐了，设备的折旧成本、维护成本、运营成本就摆在那，假如当地的人口基数不够，很容易造成设备使用率不高，运营成本大过收入，最终形不成正向的现金流，漯河的沙澧春天就是遇到了这个问题，导致他们只能以节庆散客为主，日常散客偏少。从全国来看，在接待日常散客上做得比较好的案例多出现在一线城市周边，省会城市也有，三线城市做得更多的是节庆散客。

2. 节庆散客及节庆产品

蒙眼走钢丝

小丑

大巡游

杂技

  与日常散客对应的是节庆散客，这个客户群的日接待量变化幅度非常之大，节庆期间最多日接待量可以达到 2 万多人。这就是节庆散客，他们在园区搞节庆活动时大批量进来。以 2016 年 2 月春节期间策划的节庆活动为例，主题是"金猴花灯节即民间 72 行杂耍会"。

  场地还是那个场地，设施还是那些设施，在此基础上，园区增加了高空蒙眼走钢丝、摩托飞车走钢丝等项目，园区还在一天安排至少三场民俗大巡游。

  收费比日常的门票贵一些，50 元 / 人，当然，转发集赞可以减 20 元。这还是有点类似于点菜，过年了，给你加个菜，当然价格会比较贵，如果你肯动动手邀请好友过来，你就可以加量不加价，花的还是平时的门票钱，吃的却是更丰盛的菜。就是这个节庆活动，最多的一天接待了 2 万多人入园。

  越热闹的时候越怕孤单，这是人潜在的一个心理诉求，所以，很多商家喜欢在节日里搞促销、搞活动，因为这个场景最适合挖掘潜在客户。

节庆活动的门槛在于场地而不在于市场，什么意思呢？其实，这个观点在其他案例解读中也有提到过，这里再借田园乐翻天分析一下：节庆散客的特点是大开大合，平时接待3 000~5 000人，但是节庆期间一下子可能来了1万人，2万人，那你的停车场、活动场地、餐饮、卫生间等配套能否承载得下，这是接待节庆散客的关键。而节庆用到的灯光、杂耍师傅等都可以通过合作获取。市场方面，节庆散客和日常散客有很大区别，根据其他园区的经验，哪怕是一个三四线城市，甚至是一些县城，都是可以搞这类节庆活动，所以，节庆活动的门槛在于场地而不在于市场。

像这样的节庆活动，田园乐翻天每年会办2~4次，主要集中在春节、十一等长假，还会选择在五一、端午等小长假。

在内容方面，园区做过"马戏嘉年华""灯光节""音乐节"等。

在节庆活动的频率上，田园乐翻天开业后的第一年次数最多，后来偏少，大家思考一下这是为什么？我们还记得第一个客户群是"日常散客"，这是园区很重要的一个客户，但是刚开园这些日常散客是知道你的，不知道你就没人消费你，这需要你"搞事情"，通过节庆活动把自己宣传出去。等到你名气越来越大，新客户都转化成了老客户，对于节庆活动的依赖程度会降低，但是节庆活动仍然是需要保留，毕竟，随着孩子长大，老客户出去，新客户进来，客户的新陈代谢是持续的。

这里还要重审一下这个观点：散客里面出团客。无论日常散客还是节庆散客，他们中就有某机构负责人，某学校家委会成员、某幼儿园园长等，这些人的背后都带着资源。通过散客这个产品的接触，让他了解了项目，了解了场地，后期很有可能转化为团队客户，带着背后的资源过来。

3. 亲子团客及团队产品

田园乐翻天接待比较多的团客有培训机构、拓展机构、学校等。以温江广大小学的春游为例，时间是2016年3月18日，一天的大概流程如下。

Part1 出发去往田园乐翻天

Part2 排队分组

Part3 厨艺大比拼

Part4 自由拓展

Part5 游乐项目

Part6 稻草人、石磨等参观

Part7 结束回程

这是比较简单的春游活动，用到的设施有停车场、亲子厨房、无动力游乐区、吊桥游乐区、花海稻草人等。

因为公开资料里没有显示，但根据经验，游乐型项目的场地只是提供一个很简单的活动流程，且园区本身不提供导游和带队老师。

当天，一共接待了2个学校约3 000名学生的春游，收费方面因为没有拿到具体的结算数据，这里我猜想每人收取一张门票钱，赠送几个收费项目，餐饮正常收费。

对于一部分亲子团客，他们要的是安全和便宜，如果还是去公园春游，安全是无法保障的，因为公园一般是开放的，而对于便宜一事，任何提供完整活动方案和带队老师的场地方都不可能是这个报价了。

对于园区而言，在周五，这个场地还是相对空闲的，便宜一点拿出来给团队客户也是比较划算的。但是有一点是有冲突的，幼儿园、亲子机构等，一般也会选择周末出游，这与园区的高峰时段一致，这会导致一些问题，比如，有一个散客在无动力游乐区（免费），这里团队客户过来了，又不能把那一个人撵走，而团队按流程进行的话又实在等不及；反过来，假如某团队客户在无动力游乐区活动，这里散客去了又不好过去打扰，如果不过去感受不好，因为28元门票进来，本来就没几个免费项目，免费项目还被团客占用。这都是团队散客容易出现的冲突。

有的团队出行也会选择在周五，园区可以拿出这一天，好好利用一下。

团队客户不仅可以带来收入，还可以带来更多的散客，因为小朋友跟团客来的时候没玩够，他得服从团队的行程，所以，有相当一部分小朋友会让爸爸妈妈带着周末再来一趟。这就是团客的另一个作用：为散客引流。

三、总结

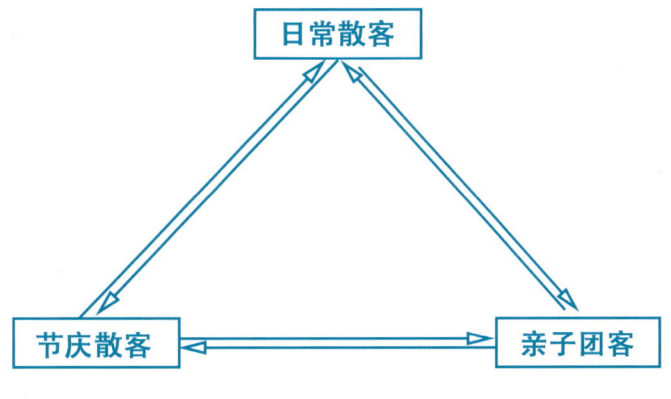

乐翻天流量模型

作为一线城市中大型农乐园的代表，田园乐翻天的流量经营是很棒的，流量模型：节庆散客、日常散客和亲子团客。

3个产品是3个流量入口，互相加持、彼此导流，无论从哪个入口进来，都有可能被留在项目里，成为忠实客户。

如果说遗憾的话，我觉得短板可能在选址上。项目地理位置距离成都、雅安和眉山都在70~80公里，以成都多山路窄的路况来说，单程需要大约2个小时，而来回就是 4 个小时，对于一个一日游的项目来说，这个路程怕是有些挑战。**而路程远的直接后果就是日常散客的消费频率下降，这导致项目的竞争优势降低。**每年能来 5 次的，来了 3 次，因为他可能嫌远，想想就不来了；也可能选择了更近的项目，这就给竞争对手留下了很大的空间。所以，最近几年，成都出现了很多这类项目，项目多了必然分流，而远距离就失去了部分竞争优势。

另外，在餐饮方面田园乐翻天有两点有待提升：接待量和标准化。乐翻天的两种就餐形式大家还有印象吧，一个占地约 300 平方米的美食广场，另一个是需要动手的亲子厨房，这对于旺季日均 5 000 人接待量的园区来说，餐饮的供应能力远远不足。而通常来说，餐饮做好了，营业额可以占到这收入的 30% 甚至更高。这可能是园区出于给一期项目大梁酒庄导流的目的，但路上已经花了很多时间，又需要在乐翻天之外找吃的，这样感受会打折扣。

即便考虑到用大梁酒庄的餐饮来弥补，也是存在一些问题，大梁酒庄的就餐环境和就餐品质过高，而游客出来一天已经在路上花了很多时间，所需要的偏向于吃饱吃好而不是吃环境吃品质。这一点北京洼里乡居楼做得就很好，餐的味道可以说只能到 60 分及格，但接待量上去了，去了你会被那个餐厅的场面震撼到，而餐的标准化也有，菜团子、洼里油鸡等，都是那几道菜，这样餐饮的效率会很高，品质又不会太差。

瑕不掩瑜，田园乐翻天在文化和创意的打造上是有一定高度的，这让它成为带头大哥，成为很多对手无法短期超过的标杆。

考察田园乐翻天项目时做了一次航拍，从空中俯瞰田园乐翻天会让你更直观地了解到这个项目，用微信扫一扫旁边的二维码，**关注公众号：农未来，直接回复：田园乐翻天**，就可以看到了。

桂花湖景区

小地方，大投资，一个复购率极高的项目

景区航拍图

景区入口

景区内标志牌

桂花湖景区虽然也属于农乐园，但它却位于四川省眉山市，这是一个常住人口不到300万人的四线城市。

虽然是四线城市的市场，但是，桂花湖景区却创造了非常好的成绩：总投资约6 000万元，年接待约60万人次，相当于眉山市所有市区人来一次，最多的一天接待过3万多人，是"小地方、大投资"的另一种经营模式。

在赚钱之外，景区还有一个意外收获，就是对当地游客消费习惯的改造。以前，四川有句话叫"旅游就是换个地方打麻将"，可是，自从景区从"观光型"成功转型到"体验型"之后，棋牌室的业务急剧下降，原来，家长更愿意选择带孩子到户外去了。

其实，"小地方、大投资"是一个坑，怎么从坑里跳出来是一个问题，在另一个案例里介绍了"漯河·沙澧春天生态园景区"的做法，它当时选择的模式是"多客群、多产品"的策略。然而，桂花湖景区却选择了另一个完全不一样的运营模式——"单一客群、高复购率"，这个模式的优势是起点低，执行难度低，所以，值得好好研究。

一、项目图解

项目区位图

景区门口的道路

　　桂花湖景区的具体位置是"四川省眉山市，岷东新区往仁寿县方向5公里"，项目距离眉山市的市中心约18公里，紧挨着315国道（双向四车道）。

　　一小时车程内可以覆盖到眉山市的四县二区约300万人口，其中眉山市区常住人口约60万，而眉山市的人均GDP约3.7万元（数据来源于四川省统计年鉴2017），属于四线城市。

停车场航拍图

停车场实景

从国道到停车场只有不到 100 米的距离，停车场占地面积约 10 000 平方米，约有 400 个停车位。

停车场收费 10 元 / 辆，景区的停车场能收费，这在眉山市属于首创。

但是，一个散客为主的项目，确实要配置更大的停车场，桂花湖整个项目可接待几千人，最多接待过 3 万人，显然这个停车场还是不够大，所以，在停车场爆满的时候也会引导车辆在外边的停车场停车。

桂花湖景区

售票处

人多时的售票场景

从停车场出来，紧挨着售票处，售票处共4个窗口，旺季也可增至8个窗口。

景区成人票30元/人，儿童票20元/人。

沿湖观光走廊

有山有水的桂花湖

　　景区的正中心有一个约 50 亩的湖面，湖的南侧是坡地，以花海为主，可供游客登山赏花；湖的北侧以游乐为主，有 3 处游乐区，一处免费，两处收费。

　　有山有水，自然环境非常之好，这也是任何户外项目积极争取的。

　　湖边是观光走廊，游客进来之后可以沿湖游览，沿湖走廊把几个板块串了起来，有游乐区、水上乐园、花海等。

免费游乐区实景

蹦床

水上拓展

桂花湖景区

溜索

旋转秋千

攀爬设备

图解 10 个最新农乐园和户外儿童乐园项目

高层滑筒

户外淘气堡

跷跷板

手动挖掘机

这是一片免费的游乐区域,整个区域占地面积约6 000平方米,买过门票的游客都可以自由玩耍。

景区从观光型升级为体验型,主要就增加了这个板块,设备投资在300万~400万元,有直接采购的,有自己制作的。

这个板块的作用是明显的,它为景区吸引来了更多的亲子家庭,并延长了他们的停留时间,以此来拉动景区的餐饮、游乐园、水上乐园等收费板块,更重要的是,这么多免费项目让亲子家庭的满意度提升,复购率也提高了。

还有一点很重要,板块中所有设备不需要用电,不需要用人,只需要一次性投资和安检员定期检查维护即可,可以说运营成本极低。而且,无动力游乐设备现在的国标是推荐标准(GBT),而不是强制标准(GB),这就为景区省去很多后续的麻烦,这也是投资方在增加这个板块时的几点考虑。

游乐区 A 区和 B 区

游乐区 C 区（含水上项目）

以上 3 个游乐区都是按项目收费的区域，共有约 30 个收费项目。

桂花湖景区

神州飞碟 20 元 / 人

碰碰车 20 元 / 人

飓风飞椅 20 元 / 人

自控飞机 20 元/人

太空飞车 20 元/人

海盗船 20 元/人

游船 40 元 /2 人船；60 元 /4 人船；160 元 /8 人船

VR25 元 / 人

碰碰船 30 元 / 艘

卡丁车 30 元 /2 圈；50 元 /5 圈

气泡射击 15 元 /10 发

此外，还有双峰飘车 20 元 / 人，迷你穿梭 20 元 / 人，袋鼠跳 20 元 / 人，小火车 30 元 / 人，鬼城 25 元 / 人，射箭 15 元 /12 支，水陆战车 15 元 / 人，淘气堡 20 元 / 人，儿童驾校 20 元 / 次，旋转木马 15 元 / 人，愤怒的小鸟 15 元 /12 只，喷球大战 15 元 / 人，遥控船 20 元 / 次，水上滚筒 20 元 / 人，狩猎 20 元 /100 发，空中漫步 30 元 / 次，水上自行车 50 元 / 次，共计约 30 个收费项目。

这 30 个收费项目大大提升了游客的客单价，他们的消费不仅仅是 20~30 元的门票，后面的每个收费项目都有可能让客单价翻倍。

而这些项目的投资人均不是景区，而是他们的招商项目——商家向景区租赁土地，由商家提供设备和运营人员，并负责设备维护，景区负责售票，商家负责运营，最后按营业额的一个百分比作为土地租金。像这样的分成一般是营业额的 30%~50%，就是营业额的 30%~50% 给到景区作为土地租金。

这种"大平台 + 招商项目"的模式有诸多好处：一方面可以减少投资风险，因为投资就有风险，通过招商，万一项目不赚钱，那投资的风险就转嫁给了商家，景区只是赔了这块地的机会成本；这第二个好处是降低了安全风险，因为景区只是土地出租方，而商家是项目的投资和运营方，这又把安全风险转移了，出了安全风险就由商家承担，因此，商家就更精心维护，反而减少了安全风险；第三个好处是运营效率提高了，景区不需要再为每个项目配置工作人员，不要配置设备维护人员，项目由商家自己运营，整体的效率提高了。

桂花湖景区

水上乐园全景

水上乐园的设施

自动倒水的水桶

水上乐园现场

还有一个单独的收费项目：水上乐园，水上乐园的门票和景区门票一个价：成人30元、儿童20元，一般买景区门票送水上乐园票。

四川的夏季偏热，而且时间长，所以6月、7月、8月、9月4个月是淡季，亲水项目的设置对于缓冲淡季、拉长运营时间是有很大帮助。

163

跨湖溜索终点

跨湖溜索全长300米,是西南地区最长的溜索,50元/次。

虽然是个标志性项目,但这个项目每个月省里要来检查,投资方李总并不觉得它是个好项目。

跨湖溜索起点

疯狂滑梯

这是两个网红项目,彩虹滑道和疯狂滑梯,适合大人玩,也适合小孩玩,是免费项目。

这个项目经常被发到朋友圈,能带来更多关注和流量。

彩虹滑道

孔雀园航拍图

孔雀园内

这是一个占地面积约 4 000 平方米的孔雀园，里面散养了孔雀，门票 10 元/人。

这个项目投资得并不好，因为开屏的孔雀是公的，而正常情况下一只公孔雀需要配 5 个母孔雀，如果配不齐，公孔雀就容易伤人。从投资角度来看也不划算，投资大，收益小，风险还高。

拓展基地

高空拓展

拓展基地由草坪和拓展设备组成,是景区和一家专业拓展公司合作的,对方有专业的拓展教练,出资建造,负责运营。

攀岩

CS 现场

还有一个高规格的真人 CS 场地，有适合儿童使用的水弹，也有适合成人使用的 BB 弹和彩弹。这个板块是按时间收费的，适合约上朋友一起。

不过这样规格的 CS 场地建设成本高，手续麻烦，不建议大家做这么专业的场地，可以做成乞丐版。

儿童 CS 现场

CS 射击场

天幕厅内部

天幕厅外观

　　天幕厅是餐饮/会议板块，占地面积约 1 500 平方米，全厅无立柱，水晶吊灯，挂式音响。

　　天幕厅以接待团客为主，像满月宴、祝寿宴、师生宴、婚宴等，需要提前预订，最多可接待 150 桌，会议可容纳最多 2 000 人，只有当园区组织灯光节、灯会等大型活动时，才对散客开放，当作自助餐厅来用。

　　桌餐的餐标从 328 元/桌、428 元/桌、698 元/桌、888 元/桌、1 088 元/桌、1 288 元/桌、1 688 元/桌不等。

　　天幕厅规划得过大，接待婚宴会显得人少，接待其他大型会议也很少可以用完，所以，项目在规划容量时一定要注意，并不是越充裕越好。

亲子厨房

亲子厨房做饭现场

烧烤区

烧烤现场

自助烧烤是第三种餐饮形式，60元/人，含门票一张

虞美人

薰衣草

　　湖的南侧是花海，种植有金鱼草、冰岛虞美人、木春菊、三色堇、石竹、大花樱草、三角梅等。

　　在花期，花海还是可以吸引到大量游客的，只是换花成本比较高，每年5~6次。而且再好看的东西，看一眼也就完事了，留不住人。这才有了景区的转型，但花海是人流聚集器，也是大环境的一部分。

住宿板块实景

住宿一层

标间

大床房

景区的住宿板块有50个房间，有单间、标间和三人间，可同时容纳100多人住宿。

住宿板块主要面向团队拓展、会议培训、夏令营等，主打"干净""廉价"。

棋牌室

棋牌室是四川的必备项目，但是在景区转型后，棋牌室的生意也急剧下降。

棋牌现场

水上咖啡厅

水上咖啡厅内部

以上，景区所有核心板块就都在了，山、水、花、草打造的一个自然生态的大环境，免费的游乐设施让游客持续到访，收费的游乐区及餐饮、住宿等业务拉升了客单价。

二、主要客户群及对应产品

园区每年接待约 60 万游客,数量上和眉山市城区人口相当了,其中,周六、周日以散客为主,周一到周五以团队为主,春节等节假日桂花湖会组织一些灯光节等大型活动,会有持续的大量散客进来。

1. 周末散客

在周末逛商场的时候,经常会带孩子去到商场的淘气堡玩一会儿,有的家长甚至还办了会员卡,隔三岔五的就要来上一次。

而桂花湖景区更像是一个户外版的大号"淘气堡",这里不仅孩子可以尽情地玩耍,家长也可以有个惬意的一天,是眉山市的亲子家庭周末休闲的去处,而且是可以经常光顾的地方。

门票政策:

成人票 30 元

儿童票 20 元

亲子票(一大一小)50 元

家庭票(两大一小)70 元

注:送相同金额的游乐场代金券

套票:

A 套餐 68 元:5 个收费项目(自选)+ 一张成人门票

B 套餐 88 元:8 个收费项目(自选)+ 一张成人门票

C 套餐 138 元:15 个收费项目(自选)+ 一张成人门票

周末散客也是园区最主要客户群,承载这个散客的园区占地 600 亩,总投资 6 000 万元左右,考虑到前期的一些投资过程中走过的弯路,没有 3 000 万元也下不来,大概是这个投资体量。

关于这个散客的门槛,我想投资体量不是唯一的门槛,更大的门槛是土地,能否找到一块有山有水环境好,政策还允许搞建设的土地才是项目的关键性门槛。

至于适用性，前边也有分析到眉山的人口、经济数据等，如果眉山可以支撑这样一个项目的话，全国其他地级市大多都可以，如果是北方，还需要考虑下运营时长，北方的冬季够冷，夏季够热，运营时间还要再砍去 3~4 个月。

这一天下来，主要参与者有亲子家庭、商家和景区，对于亲子家庭，周末能到户外去有一个这样好玩不贵，孩子喜欢、家长不累的地方，还是比较满意的；有更多人到景区来，商家的收益更多，他们双方是一个利益共同体；景区和商家的分成方式既减少了风险，也提高了运营效率。

某保险公司年会

企业团建

某学校亲子活动

2. 工作日团队客户

景区在工作日是相对清闲的,很多板块都闲置下来,此时,也会接待团队客户。

团队客户的接待中,桂花湖更多的是场地提供方的角色,至于活动中的组织、带队、执行等则由景区合作的拓展基地提供。

3. 节庆散客

这类场景在桂花湖景区也是成功运营过的,一天接待 3 万人的成绩就是在这个场景里发生的,当时同时开 8 个售票窗口,从上午卖票到下午,一直不停地卖。

灯光节现场 1

灯光节现场 2

灯光节现场 3

灯光节现场 4

以 2017 年"迎春玫瑰灯光节"为例。

时间：2017.1.20（小年）—2017.2.15（元宵节后）

地点：眉山·桂花湖

进场时间：18：00—23：00

票价：成人 30 元 / 人、学生 20 元 / 人

这场活动也是景区和某灯展公司合作的项目，景区只提供场地，合作方提供灯、布展等，共 28 天，期间收到的钱 1 : 9 分成，景区只拿 1 成。

这场活动是非常成功的，非常有人气，用景区李总的话说，天天盼着下雨，因为下雨了人就少了，不用担心出现踩踏。

这次活动把桂花湖一炮打响，传遍了眉山市的四县二区，直接结果是第二年整个春季的生意都特别好。

桂花湖的成功再一次说明了节庆活动的特点"不依赖市场，只依赖场地"，眉山这样一个人口不到 300 万的市都可以举办，其他地区举办问题不大，只是需要有足够大的停车场，足够大的场地。

灯展公司和景区在这次活动中实现了双赢，灯展公司赚了财气，景区赚了人气。

2017 年，桂花湖景区还组织了另外三场节庆活动：

2017 年 3 月樱花节

2017 年 5 月薰衣草节

2017 年 12 月新春灯会

2017 年全年以每个季度一次大型活动的频率在进行，可是到了 2018 年，节庆活动的频率下降，只在 9 月办了一场帐篷节。

景区李总说，同样类型的节庆活动最好不要做第二次，因为客流量会大大降低。

从这句话我们能再次得到这个结论：节庆活动是"一次性"的强引流产品，第一次举办可以带来人气，起到营销的作用。

三、总结

追求满意度和复购率： 为什么要把门票收那么低？桂花湖景区的门票 20~30 元，并送等值的抵用券，而北京的欢乐松鼠谷收费 60 元，苏州的泰迪农场 60 元，长沙的贝拉小镇收费 90~260 元，北京的洼里乡居楼虽然收费也是 20~30 元，但不送抵用券。

虽然门票低，但里面免费的游乐区的面积一点也不小，免费的游乐设备一点也不少，这是什么道理？

大家可以发现了，其他几个项目要么在一线城市，要么在省会城市，而桂花湖是在一个人口不足 300 万人的普通的地级市，而且投资那么大，这就注定它不能做一锤子买卖，要做高性价比，高复购率的产品，它追求的不是让所有人来一遍，而是让一个人来许多次。

景区李总告诉我说，他一看到一家人带着工具来就特别高兴，因为他们能自备一些工具说明是老客户。**在人口基数小的城市做农乐园，不能追求人多，而是要追求满意度和复购率**。现在，每年景区可以接待 60 万人，相当于眉山市区的人都来一次。

招商合作，追求效率： 开源节流，如果说高满意度和复购率是让人更多地进来，属于开源，那"大平台，招商项目"就是节流。桂花湖的所有收费项目无一例外，全部分采用合作的方式，即便在前期自己投了游船，后期也要返卖给合作商。再强调一下，这样一来提高了收益，因为商家自己的项目，他更上心，会更好地服务游客，运营也更有效率；而正因为是商家的项目，一旦出了安全问题就由商家承担，所以商家在安全上更不敢马虎。这时的商家和景区的利益高度一致，景区希望商家多收钱，因为商家收得多景区分得也多，而商家也希望景区人多，因为景区人多了，自己才可能分到的人更多，结果就是提高了运营的效率。

投资回收期长： 即便桂花湖已经做得不错了，但想要回本也需要大概 10 年时间，当然，没考虑项目的增值部分和折旧成本。所以，无论农业、农乐园、教育型农庄，都是个慢生意，投资人要做好打持久战的心理。

准确的定位： 桂花湖景区不像九寨沟那样，拥有世界级资源，全世界的人都想去一趟，而去过一趟的人这辈子很少再去第二次；它也不是大型花海，你每年花季来上一次就可以了。**桂花湖景区把自己定位为一个"近郊一日游产品"，有了这个定位，才有了运营团队对客户满意度的追求，对复购率的追求，也才有了低价的策略。所以，一个准确的定位是很重要的。**

流量策略： 还要补充一点，就是桂花湖的流量策略，它采用"节庆活动""OTA 平台"双引擎的流量策略。在刚开业的第一年就做了四次大型节庆活动，这些活动的宣传力度大、入园人次多，这些对园区的名气都有着非常大的作用，关键是这些宣传不仅不花钱，还可以分一杯羹，可谓"赚钱的宣传"。同时，像美团网、大众点评、携程等也都在为桂花湖景区卖票，按成交金额返点，也是赚钱的宣传方式，还有更厉害的，景区有一个策略，通过 OTA 平台购票的不送抵用券，现场购票的才送，这就逼的很多复购者下次直接到窗口买票，直接把 OTA 平台给绕开了。

但是，无论节庆活动还是 OTA 平台，都是没有风险的宣传方法，这一点值得学习。

所以，还是建议大家少投钱，在小地方做项目就要控制自己的投资冲动，如果不小心已经投了重资，那就试试桂花湖景区的方法吧。说到这里，我想起了一个公式：农庄盈利 = 头部项目 × 市场规模 × 盈利项目，具体的阐述请见我之前发表过的文章，**关注公众号：农未来，直接回复：公式**，就可以看到了。

童话森林乐园

投资 2 000 万元，年营业额 2 500 万元，一个不愁客户的项目

景区入口

童话森林乐园

景区实景

项目平面示意图

  这是一个"小投资大收益"的项目，当然，这里的小是相对的，它开园前也投资 2 000 多万元，加上滚动投资约 4 000 多万元。但它有着很好的运营数据：开业前 14 个月就接待了约 50 万人，营业额 2 500 万元。

  可是，这么大接待量，园区在营销方面的费用却少得可以说忽略不计，这归功于园区对产品的打造，好产品自带流量。他们开业的具体时间是 2017 年 4 月 1 日，创始人张总跟我描述了一下当时的情形：开业当天 400 人入园，第二天 4 000 人入园，第三天 7 000 人入园，第四天 9 000 人入园。300 亩的场地，最多的一天接待过接近 2 万人。

  童话森林乐园的打造不仅符合当代自媒体传播的环境，在产品差异化上也是下了很大功夫，张总说，他希望把园区打造成一个不容易被抄袭的项目。

一、项目图解

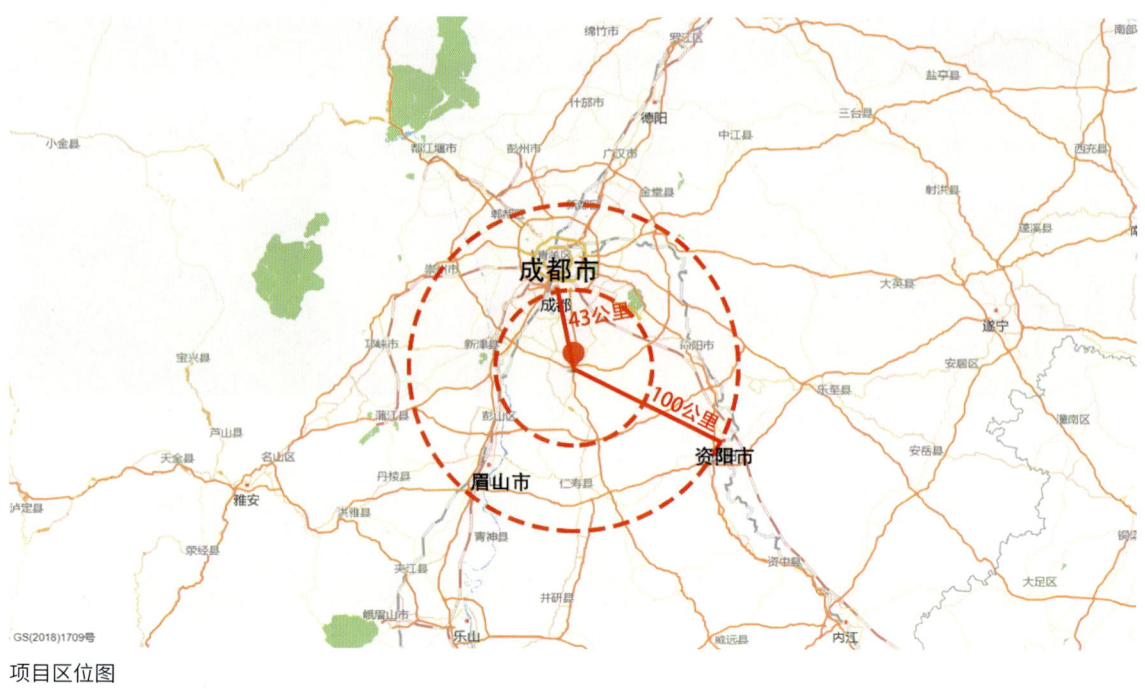

项目区位图

童话森林乐园占地面积约 300 亩,地势为缓坡,中间有湖。项目位于成都市天府新区三星镇,距离它的主要市场成都市的距离约 43 公里,项目还可以辐射到眉山市和资阳市,距离都在 100 公里范围内,距离这三个市场的车程都在 1 小时左右。

成都是四川省省会,辖区内常住人口约 1 591 万人,城镇化率约 70%,人均 GDP 约 7.7 万元;眉山市和资阳市分别是地级市,分别有约 300 万人和 254 万人,城镇华率都在约 40% 左右,人均 GDP 都是 3.7 万元。**所以,项目所在地是一个人口基数超过 2 000 万人、消费意识成熟的市场。**

童话森林乐园

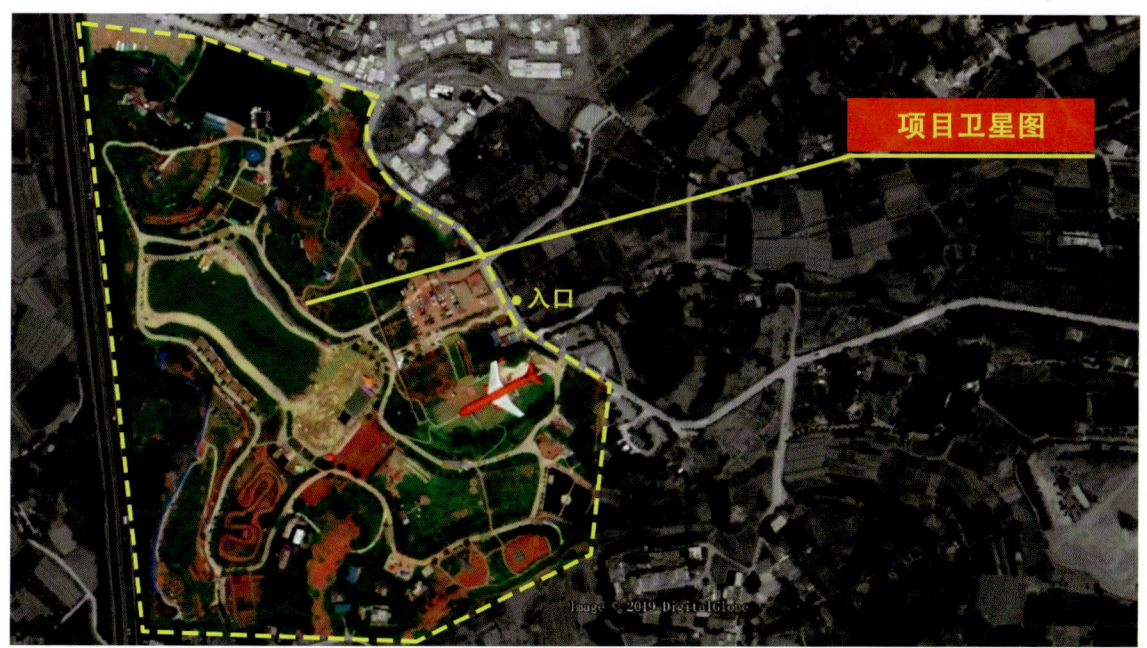

项目卫星图

项目航拍图

183

停车场位置

停车场航拍图

停车场实景

这是一号停车场,紧挨着景区入口,沙石地面,占地面积约3 500平方米,有至少100个停车位。景区还有另外一个停车场(不在图内),大概有接近2 000个停车位,停车费10元/小车,20元/大车。

来园区的以自驾游的散客为主,工作日每天的接待量是几百人,这里一号停车场就够用了,周末接待量大,大概几千人,这时启用2号停车场。

售票处和检票口

售票处和检票口，建筑风格很童话，色彩上采用糖果色，这样的组合更吸引孩子和女性。

票有两类，一类是单纯门票，进门之后玩哪个项目再花钱买；还有一类是套票，包含一些游乐项目。

滑草实景

体验滑草的游客

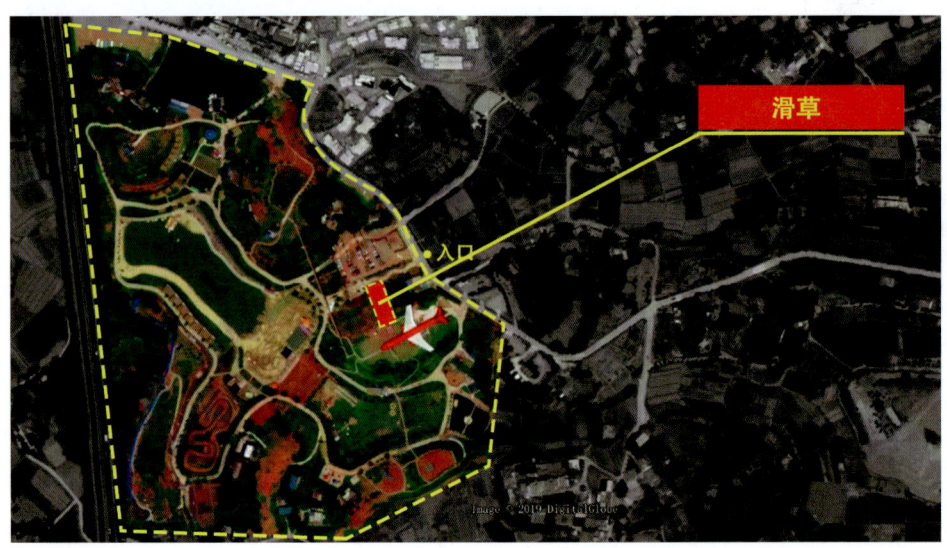
滑草板块位置

滑草 进园区后第一个项目，在左手边，是利用园区天然的坡地做成的，因为坡度并不大，所以也适合小朋友玩，是园区受欢迎程度比较高的项目。

滑草属于收费项目，单独购买 15 元 / 人，也可以使用套票的抵用券。

童话森林乐园

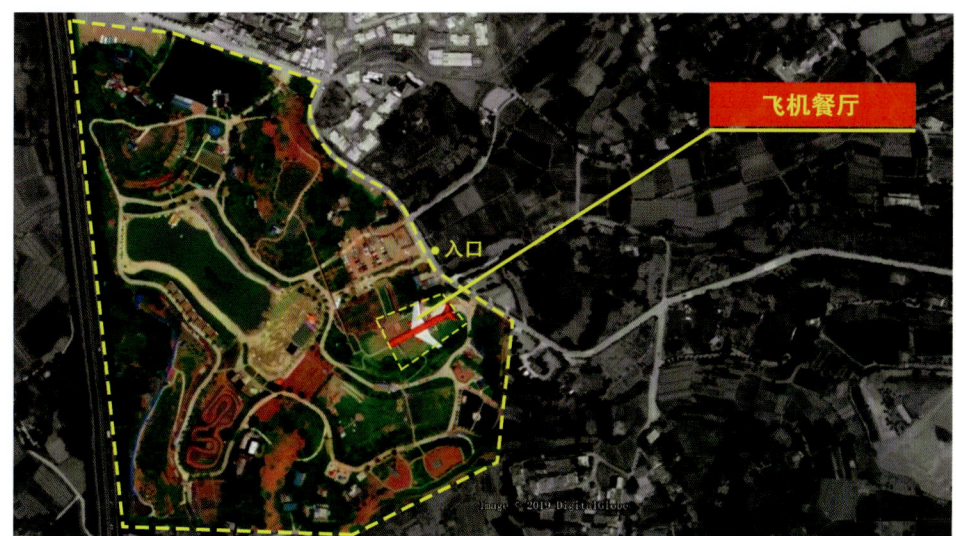

飞机餐厅位置

飞机餐厅航拍图

飞机餐厅外观

飞机餐厅入口

订餐区

牛排意大利面

盖浇饭

比萨

飞机餐厅内部

飞机餐厅是园区的标志性建筑,是以波音777为原型做出来的,尺寸比波音777略大一些,造价约600万元。

整个飞机分两层,上层是餐厅,可容纳320人同时就餐。最火爆的时候,从上午大概10点开始,一直到下午2点左右结束,大概半小时翻一次台,接待2 000多人就餐。

飞机这样独特的造型和逼真的效果对小朋友形成强大的吸引,来园区的客人不管是否在飞机餐厅用餐,90%的会选择进来参观一圈,发发朋友圈。

餐厅提供牛排、比萨、盖浇饭等,餐标比园区中的餐饮补给点要贵些。

飞机餐饮为园区解决了土地指标的问题,也是自传播很好的素材,同时为游客特别是小朋友带来比较强烈的体验感。

飞机的下层是太空舱，放置有火箭、战斗机模型等，主要用于科普教育。

单纯参观一圈的意义不是很大，这个板块一般是针对团体客户，有教练带着讲解才有意义。

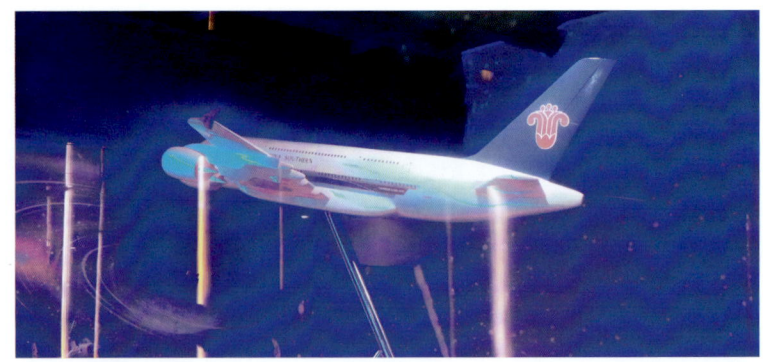
舱内展示的飞机模型

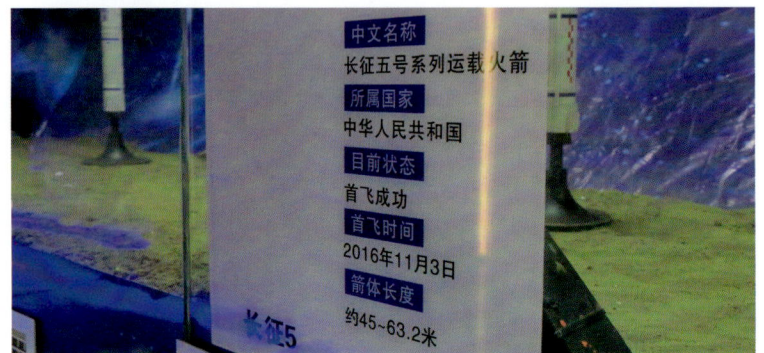
模型介绍

太空舱

舱内展示的太空服

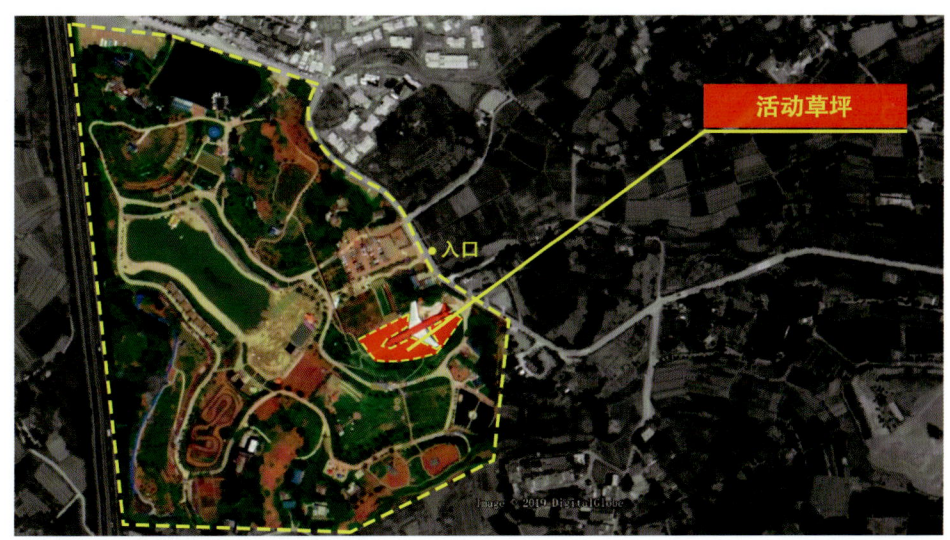

活动草坪位置

草坪上露营

草坪活动现场

草坪上的舞台

活动草坪实景

飞机周围是草坪，占地面积约3 500平方米，主要用于春秋游团队的活动场地，此外，园区在夏季组织露营活动，这里也可以作为露营场地。

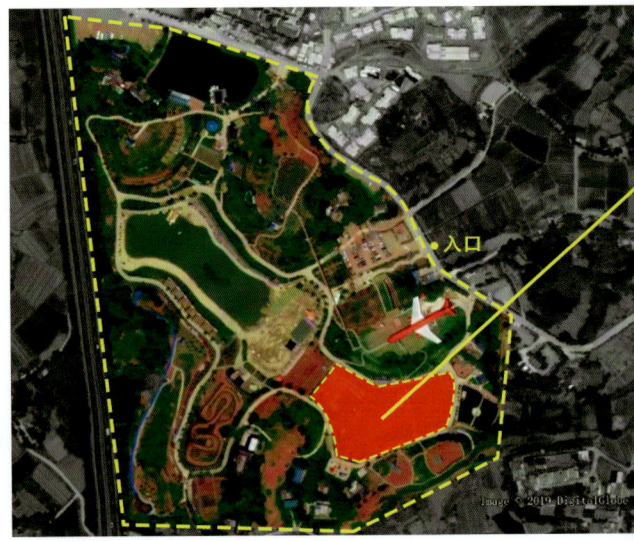

草原狂想曲板块位置

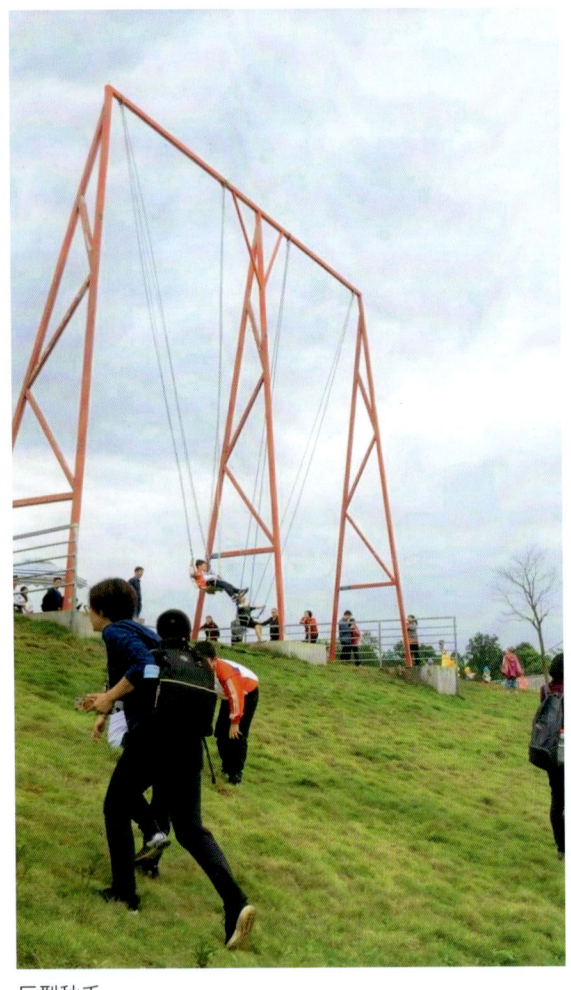

巨型秋千

草原狂想曲实景

草坪旁边有一个巨型秋千,免费项目。

草原狂想曲是一片大草坪,占地面积约 10 000 平方米,整个板块像个小盆地,周围高,中间低,天然地形成了一个独立、安全、舒适的小空间,是面积最大的一块免费区域。

草坪上有一半放置简单的无动力游乐设备,如滑滑梯、攀爬设备、小溜索等,供小朋友在这里玩耍,家长可以在四周树下支上帐篷,一边打牌一边能看到孩子在这里玩耍。

草坪的另一半是空着的,在春秋游的团队活动中可以作为活动场地,也可以作为恐龙展、变形金刚展等的场地。

草原狂想曲这是游客最喜欢,能停留时间较长的板块,大片的草坪提高了园区的颜值和舒适感。

恐龙展

童话森林乐园

草原狂想曲航拍图

草原狂想曲上的亲子活动

小型溜索

光头强的家

193

白雪公主和七个小矮人

小猪佩奇

园区内点缀着一些卡通人物：小黄人、白雪公主和七个小矮人、小猪佩奇、光头强等。

这些景观小口在成人看来没什么特别，但对孩子造成了强烈的吸引力，甚至有的孩子回去之后心心念念想着再来光头强的家。

不过，这个可能会存在知识产权问题，现在园区已经把"光头强的家"改为"童话小屋"了。

小黄人

童话森林乐园

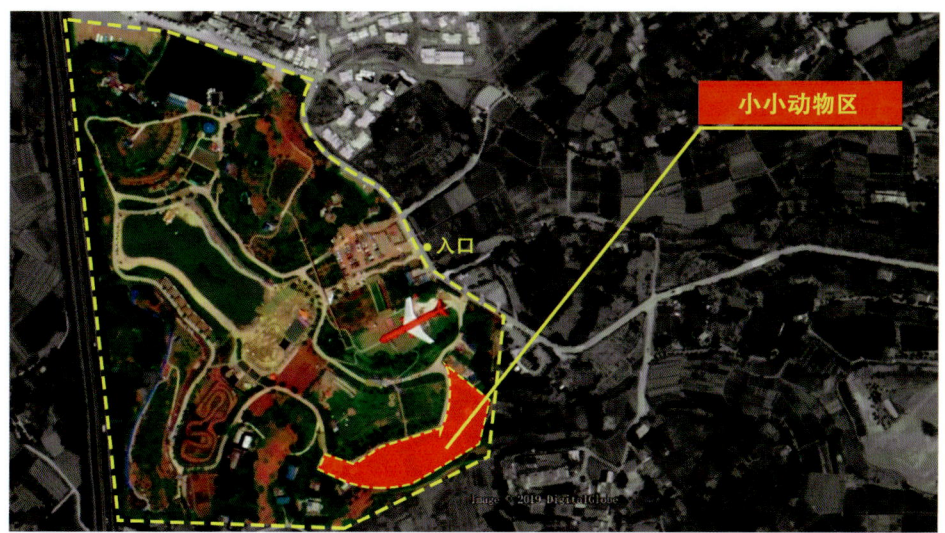

动物区板块位置

动物区航拍图

动物区实景

兔子

鳄鱼

羊

牛

鸵鸟

小小动物区，占地面积约10 000平方米，养殖有两类动物：常见的和不常见的，常见的有小猪、牛、羊、兔、马、鸡；不常见的动物有鸵鸟、鳄鱼、梅花鹿。

动物喂养也是收费的，可以用套票抵用券换取小动物口粮。

小小动物区是小朋友非常喜欢的板块，在园区所有项目中可以排进前三，几乎80%的家庭都会进来喂养。而小小动物区的成本相对较低，主要是人工成本。

童话森林乐园的动物区花了很多心思，圈舍设计的不仅满足功能性需求，同时又比较美观、舒适。

小猪

跑跑卡丁车板块位置

卡丁车实景

一个车上可坐一大一小两个人

卡丁车这个项目运营过一个月，体验感也不错，因为比较慢，所以小朋友可以单独玩，这个项目可以让成人参与，提高了成人的满意度。后来为水上乐园让路，已经撤了，现在只有一个沙漠卡丁车。

卡丁车这个项目的建设成本低但运营成本高，主要在人工和汽油上，收费20元，或者用抵用券。

水上乐园位置

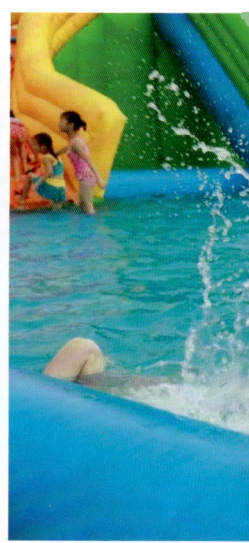

水上乐园实景

水上乐园中的小朋友

水上乐园主要用于夏季，可延长园区的运营天数，这个项目也需要用到抵用券或单独购票。

童话森林乐园

水上乐园里的小朋友

吃奶鱼

　　水上乐园里还有一个独立的项目吃奶鱼，用奶瓶给鱼喂奶，这是为小小孩设置的项目，单独购买 10 元（或者使用抵用券）。

水上项目一区实景

水上自行车

水上皮划艇

童话森林乐园

水上项目一区位置

水上项目一区航拍图

水上游船

这是一个占地 10 000 平方米的湖面，为园区提供了很好的自然环境，同时也是皮划艇、水上自行车、沙滩游船的场地，每个项目收费大概 20 元（或使用抵用券）。

水上项目同样比较受欢迎，特别是皮划艇，从一开始的几条，最后增加到 20 多条，还需要排队，曾经有人因为这个项目在美团上点评说"排队 3 小时，只划 15 分钟"。

沙滩区

沙滩区玩沙的孩子

湖边有一个小型沙滩，这是为小朋友设置的项目，小宝宝对沙子有特殊的偏好，玩不够，属于免费项目。

溜索

湖的上方有一个溜索，全长约 150 米，这个项目和卡丁车项目都是为提高成人的满意度而增加的项目，确实也起到了这个作用。

七彩房子航拍图

七彩房子实景

湖的一侧是 7 个彩色的小房子，未来计划开发成住宿板块，面向夏令营提供住宿。

火车餐厅航拍图

火车餐厅内部

火车餐厅实景

湖的另一侧是火车餐厅,其中一节是员工食堂,其他节主要在春秋游时接待团队客户使用,平时可用作会议室等。

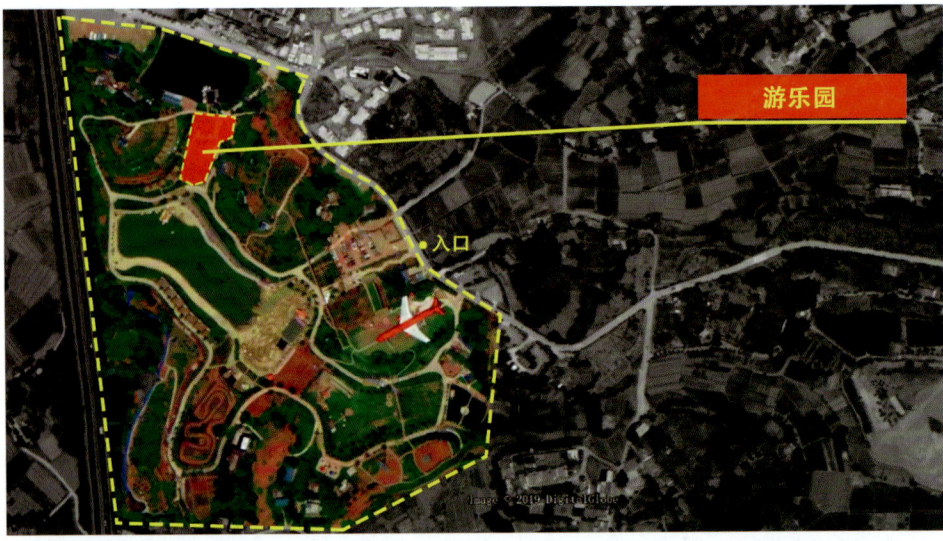

游乐园位置

游乐园航拍图

旋转木马

飓风飞椅

童话森林乐园

海洋滑车

自控飞机

碰碰车

F1 飞车

　　游乐园大概占地面积 3 000 平方米，设置项目有旋转木马（15元）、海洋滑车（15元）、飓风飞椅（20元）、自控飞机（15元）、碰碰车（20元）、F1飞车（15元）6 个项目，这 6 个项目也可以使用抵用券。

　　这些项目全部是商家合作的项目，这种模式已经很常见了，特别是对于这类设备：需要用到人员、需要维护、需要用到电。

　　不仅如此，这类项目似乎是游乐项目的标配，长相都一样，甚至项目的名字都一样。

亲子厨房航拍图

亲子厨房实景

土灶

洗菜池

餐桌

游乐园一侧是亲子厨房，共11个，每个可容纳20人，大概可容纳200人，如果是团队包饺子，可容纳300~400人。

童话森林乐园的亲子厨房与其他地方的不太一样，11个厨房之间是相互独立的，更适合散客家庭和小团的需求。

亲子厨房是园区建设，外租出去的方式来运营的。

磨豆浆区

亲子厨房旁边有磨豆浆区,凭券使用。

水上项目二区航拍图

水上项目二区实景

喂鱼划船

水上滚筒

第二块水上项目，占地面积约 6 000 平方米，有两个收费/使用抵用券的项目：喂鱼划船（20元）、水上滚筒（15元）。

彩虹吊桥侧面

约 150 米的彩虹吊桥,属于免费项目。

彩虹吊桥正面

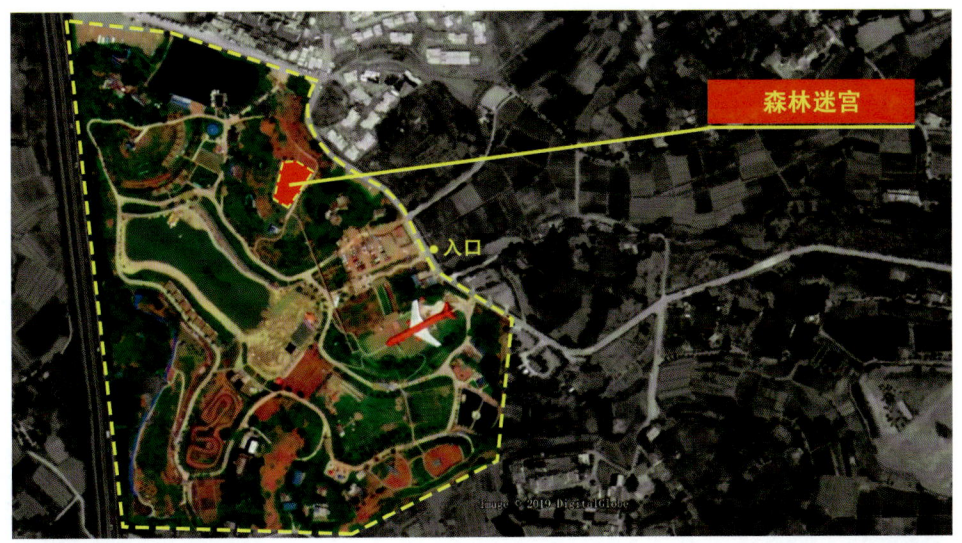

森林迷宫板块位置

森林迷宫航拍图

森林迷宫入口

迷宫鸟瞰图

森林迷宫，占地面积约1 200平方米，是为团队客户准备的项目，它有足够的接待能力。

小火车 15 元（或使用抵用券）

餐饮补给点

烤串

烤肠

　　除了飞机餐厅、火车餐厅和亲子厨房外，最后一种餐饮形态：补给点，散落在园区各处，价格偏低，快捷方便。

　　这四种餐饮形态全部采用租赁的形式，园区把场地搭建好，租赁给商家去经营。

采摘区

园区还有 5 亩地的采摘区，不过这个板块不对散客开放，只设计在团队客户的活动流程中。

这就是童话森林乐园所有硬件板块，持门票免费的项目有 5 个，持套票的抵用券免费的项目有 19 个，收费板块是 4 个餐饮板块，基础配套 4 个。

持门票免费： 彩虹吊桥、草原狂想曲、活动草坪、巨型秋千、沙滩；

持套票的抵用券免费： 吃奶鱼、划船喂鱼、高空滑索、滑草、磨豆浆、森林迷宫、沙滩卡丁车、水上项目（皮划艇、水上步行球、沙滩游船）、太空舱、小小动物园、游乐园（旋转木马、海洋滑车、小火车、飓风飞椅、自控飞机、碰碰车、F1 飞车）；

收费项目： 餐饮补给点、飞机餐厅、火车餐厅、亲子厨房；

基础配套： 卫生间、检票口、售票处、停车场；

比较受大人喜欢的项目有高空溜索、卡丁车；受小朋友喜欢的项目有喂养小动物、滑草、玩沙子、飞机餐厅、光头强的家。

设施也可以按动力设施和无动力设施划分，从运营结果上看，2~8 岁这个群体更喜欢无动力设施。

二、主要客户群及对应产品

开头有提到过,园区开业前14个月就接待了50万人次,这些客户中有大概70%是散客,不到30%是团客。客户再细分,大概可分为四类:散客、节庆散客、团客、新团客。他们在需求、出行的决策流程、渠道以及园区提供的产品等都有区别。我们分别来看一下。

1. 散客

虽然定位的是2~14岁,但2~8岁的亲子家庭占到客户的80%,也就是说童话森林乐园的定位是有孩子的亲子家庭。

在周末和节假日,有小孩的亲子家庭对于短途户外项目的需求增加,这些散客过来有4类门票可选:

四类门票列表

类 型	价格(元)	包 含
单人门票	39.9	一人门票+单项抵用券
单人套票	80	一人门票+3张A券+3张B券
一大一小套票	145	两人门票+5张A券+5张B券
两大一小套票	200	三人门票+8张A券+8张B券

注:小火车(15元或A券);碰碰车(20元);飓风飞椅(20元或A券);旋转木马(15元或A券);海洋滑车(15元或A券);水上步行球(15元或A券);自控飞机(15元或A券);小火车(15元或A券);沙滩卡丁车(20元或两张A券或两张B券);滑草(15元或B券);观赏鱼游船(20元或A券);沙滩游船(20元);F1飞车(15元或A券);吃奶鱼(10元或B券);皮划艇(A券或B券);水上自行车(A券或B券);小动物喂养(B券);磨豆浆(B券)

票价说明

在渠道方面,园区的散客主要来源于朋友圈、OTA平台、异业合作、年票平台。

朋友圈:来游玩的游客会忍不住发朋友圈,朋友看到之后问她去哪玩了,最终转化成客户;

OTA 平台： 与大众点评、美团、携程等平台都有合作；

异业合作： 你做儿童摄影的，他做儿童服装的，我做儿童乐园的，咱们产品不同但是客户群一样，就可以开展异业合作，在自己的老客户中推对方的产品；

年票平台： 有很多年票平台，他们靠着"一票通吃"的低价策略吸引大量客户，另外寻找新的项目，拿到更低的票价；

一旦认可了某个项目，便可能产生复购。所以，童话森林乐园一直都很关注客户评价。

2. 节庆散客

童话森林乐园每天的接待量差别很大，周一到周五每天接待几百人正常，周六、周日每天接待几千人正常，在一些特殊的节日也会出现接待几万人的情况，例如五一、六一、国庆节日等。

在这些节假日的时候，景区会增加一些亮点，也会通过打折等方式促销，从而吸引更多人过来。

以童话森林乐园 2018 年五一为例，他们引入了恐龙展的项目，建议你先看一下这当时的宣传文案（打开微信，扫一扫旁边的二维码，**关注公众号：农未来，直接回复关键词：童话森林乐园，就可以看到了**）

大家可以一手拿着宣传文案，一边看接下来的分析，你可以注意到，景区多了很多恐龙模型，形态逼真，放在草坪上，颇具真实感。另外，这一篇文案当时的阅读量是 10 万+，这就是本次活动带来的好处。

就像很多促销手段一样，今日店庆，啤酒免费喝，结果不仅吸引到了很多老客户，红火的场面还吸引到了很多新客户。

这次展是合作项目，恐龙并不需要自己购买，只是提供一个场地而已。

童话森林乐园在节日里增加一些亮点，也是老客户再来的理由，也为新客户的到来增加了筹码。对于新园区，这样的展会带来大量的曝光和宣传，建议第一年多办，五一、十一、春节都是很好的契机。随着知名度的提高，往后的频率可以逐渐降低。

3. 团客

团客主要集中在 4 月、5 月、10 月、11 月这 4 个月，在 2018 年的 4—5 月春游季共接待了 6 万~8 万人次的团队客户。

咱们以 2018 年秋游方案"魔法收获季"为例，当时园区共推出了 4 个主题的秋游活动方案，这是其中之一，流程如下。

魔法收获季活动方案

市场报价 150 元/人，包含车、门票、餐、活动组织。

团队客户包括幼儿园、小学、培训机构、亲子平台、旅行社等。

与散客相比，团队客户的利润更低，但是，团队客户有一个好处：因为跟团来的时候知道了有这么个地方，所以，团客来过之后很快转化成散客。

4. 新团客

新团客这里指的是，把关注园区的散客通过活动的方式组织成临时团客。

以 2018 年夏季推出的"露营也疯狂"的活动为例，流程如下。

第一天

【17：00—18：00】签到

【18：00—18：30】安营扎帐（儿童可以少量补充能量）

【18：30—19：00】疯狂的我们——团队破冰活动

【19：00—20：30】疯狂的烧烤派对——自助烧烤

【20：30—21：30】疯狂非洲鼓——释放情感，团队配合音乐互动

【21：30—23：00】洗漱时间【露天电影】

【23：00—06：00】闭灯休息，露营时间【提供天文望远镜观测星空】

第二天

【07：30—08：00】起床洗漱

【08：00—09：00】火车餐厅——自助早餐（9 点前提供早餐）

【09：00—09：30】清晨律动操——亲子律动操

【09：30—10：30】

疯狂的小小动物饲养员——草料收割 + 小动物喂养

或疯狂皮划艇——皮划艇知识讲解 + 皮划艇比赛（根据场次不同，随机安排）

【10：30—18：00】集体活动结束，自由活动时间【配儿童 :8 项抵用券】

收费标准（周末）：198 元 / 人；378 元 / 一大一小；538 元 / 两大一小；

收费标准（周中）：168 元 / 人；318 元 / 一大一小；456 元 / 两大一小；

这些活动的组织方是园区，招募也是在来过园区的客户里招募，组织者也是园区的工作人员执行。

成都的夏季比较长，白天大家都不愿意出来，即便出来也是去亲水项目；不过，园区晚上5点以后的时间特别舒服，又处于空闲状态，于是就有了这类活动的组织。

关于这类活动的作用，一方面是为也变现，但更多的是做客户口碑，培养客户的黏度，因为客户之前都是以散客的形式进来，买完票－享受园区设备－回去，客户和园区之间并没有真正的交流、沟通。而这类活动的组织过程中有大量的接触机会，培养出一批忠诚的口碑客户。

像这样的活动，园区还有很多：彩绘童年、家庭总动员、闯关免费拿礼物等。

园区总经理牟园告诉我，**园区未来的核心靠的是软性的东西，靠的是体验和黏度。**

三、总结

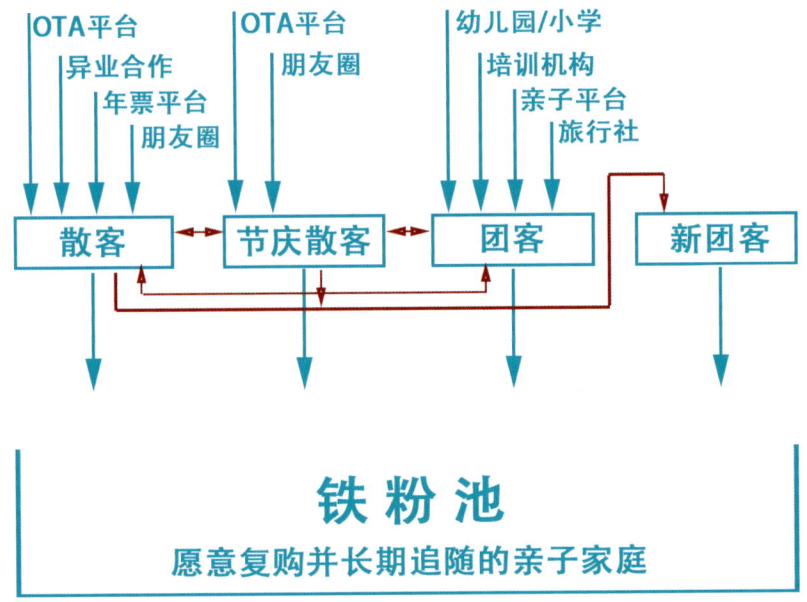

童话森林乐园的流量模型

农乐园的利润率按 20%~30% 算的话，回本周期在 3~5 年，所以，这绝对不是一个"一锤子"的买卖，需要持续运营。为了做到这一点，童话森林乐园一方面培养铁粉，积累一批认可它，支持它，追随它的长期客户；另一方面，农庄要做出自己的特色和差异化，让同业者不能轻易模仿。

在培养铁粉方面，乐园采用"新团客"的形式来培养。不管你之前是从美团上购票过来的，还是从你朋友圈知道之后过来的，抑或是跟着学校来过，你现在都可以参加园区组织的露营等主题活动，主题活动中，客户和园区之间有了很多互动、交流，树立品牌，建立深度关系，获取客户认可和忠诚度。

有时候，我们以为投资能力是门槛，其实那个门槛很低，只要看到你的火爆，看到你的盈利，马上会有一批更有钱的人冲上来做，毕竟乐园看上去是个更容易快速复制的项目。硬件的复制容易，铁粉的积累就难了，因为积累需要时间，更需要运营团队持之以恒的耐心。

在防止同业者竞争方面，童话森林乐园尽量做出特色，做出差异化。飞机的造价大概 600 万元，只能同时容纳 300 人就餐，而同样是容纳 300 人就餐的生态餐厅的造价也就几十万元，差着十倍的价格，可是乐园还是选择了飞机餐厅，这是为什么？

大家跟着我思考，想象一下，假如童话森林乐园里面没有飞机餐厅，这时你觉得这个项目还有哪些亮点？

现在，在成都，一提到飞机餐厅就想到了童话森林乐园，提到童话森林乐园大家会讨论说它有一个飞机餐厅，这就是利用硬件来打造自己的特色。**即便后边有人想模仿，他也会主动避开这个特色。**

其实，这也暗合了"峰终定律"的产品思维，人的记忆特点是记住最好的和最后的环节，如果中间没有一项特别刺激到他，让他能记住的点，那就是一个平淡的、没有特点的项目。也是最容易在同质化的洪流中被淹没的项目。

还有一点也很重要：产品要符合新时代客户决策流程。思考一下，当你想出去玩的时候，你的决策流程是怎样的？最常见的是这两个流程：找地方→看评价→做决定；朋友去了→发朋友圈动态被你看到→你心里长草→决定要去。在第一个决策流程中，"看评价"是重点，客户决定去之前会看看评分，会看看去过的人是怎么评价的，**这就要求产品得有口碑，满意度得高**，童话森林乐园通过增加成人项目，并且通过买票送券等方式把满意度做上去，这样会吸引到更多新人进来。另外，在产品上，童话森林乐园做到了功能性和舒适性兼备，以动物园中的兔子为例，可以喂养兔子这只是基本功能，兔窝做得大大的，让客户进来不挤，兔窝里种上草坪，摆上月亮屋，把环境打造得很舒服，这一点也值得学习。

对于第二种决策流程的重点是"发朋友圈动态"，因为你不发朋友圈，朋友就不知道，不知道就不会问你好不好，也就不会过来。这就要求园区要有"爆点"，园区采用糖果色、园区打造了飞机餐厅、园区高颜值的小动物区等，都是经常出现在客人朋友圈的爆点。

当然，移动互联网的普及，以及自媒体的传播环境造就了这两类决策流程，随时代的变化，可能人的决策流程又变了，那我们的产品就要跟着变。**所以，产品和营销是分不开的，产品的打造符合当代客户决策流程。**

有一点童话森林游乐园是被动的，它的土地是农用地，这是个麻烦，现在国家政策是控制"农地非农化"，现在童话森林乐园已经停业，据说在另外找一块地方做，如果当时拿的是"四荒"地该多好。但是，这并不妨碍童话森林乐园在产品和运营上的成绩。

盈香生态园

"花海 + 乐园",一个持续运营 20 年的项目

生态园的入口

项目标志牌

项目航拍图

项目平面示意图

这是农乐园的老前辈了,先后经历了近20年时间,仍然火爆不减当年。

说到它的火爆,我讲一个场景你就理解了,在旺季的时候出现过堵车现象,车子从停车场一直堵到高速路上,一些从远处来的客人就抱怨,走高速才花了1个小时,出高速要花2个小时。

说它是老前辈,不仅仅因为岁数大,更是因为它对国内其他项目所起的示范性作用,前边讲到的沙澧春天生态园景区您还有印象吧,里面的气象站、鸟巢等创意都是直接来源于盈香生态园。

项目火一年、两年容易,可持续火爆20年,它一定是做对了什么,并且持续筑造壁垒,**"花海+乐园"的模式证明是可以持续提供稳定价值并存活下来的。**

一、项目图解

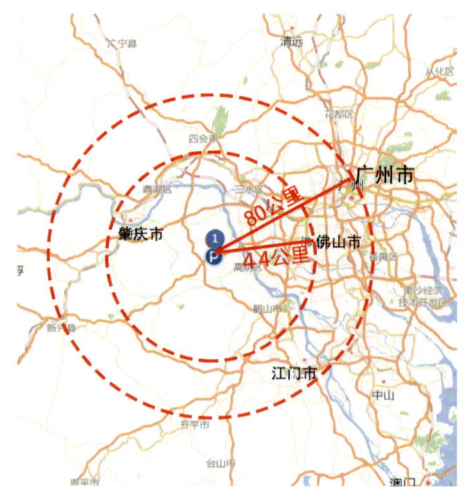

项目区位图

项目卫星图

项目位于佛山市高明区，广明高速旁，距离高速出口不到 1 公里，广明高速双向共有 6 车道。

距离主要城市广州 80 公里，佛山市 44 公里。

其中，广州作为一线城市，常驻人口达到 1 449 万，人均 GDP15.3 万，全国排名第六。而佛山市，常住人口 765 万，人均 GDP11.23 万，是二线城市中的强市。

总的来说，项目可以覆盖到至少 2 000 万人口，而这些人又是中国最富有的地区之一。

项目北边靠山，南边是田，总的占地面积约 1 000 亩。

田的部分种植花卉，山的部分开发成游乐区，一共分为 7 个主要板块：四季花海、鸟巢科普园、反斗乐园、森林剧场、机动乐园、九寨水城、凌云飞渡玻璃桥。

花海位置

油菜花

225

薰衣草

景观小品——奶牛

景观小品——赶猪

天竺葵

景观小品——汽车

　　检票入园之后，看到的第一个板块便是四季花海，种植有油菜花、樱花、薰衣草、天竺葵、金鱼草、醉蝶花、彩虹花等。花海中间点缀着一些景观小品，非常适合拍照。

　　每年 2—3 月油菜花开，盈香生态园每年这个时候会组织"高明油菜花节"。大片的花海可以吸引到很多游客，形成自传播。

　　花海具备"吸引人来""让人传播"双重属性，是园区的一大亮点。盈香的花海面积也比较克制，约 200 亩，可见，小花海怡情，大花海伤身。

科普气象站

司南

地动仪

日晷

花海中间有一个科普气象站，占地面积约 700 平方米，展示了地动仪、日晷、司南等古代仪器。

因为这个板块有一定的教育意义，所以，不仅可以用来服务散客，还服务于前来春秋游或研学的孩子。

农夫之家外观

农夫之家内部

用于自然认知的豆类

花海中还有一处房舍,叫农夫之家,占地面积约 80 平方米,展示了一些农夫家里常用的器具等,可以理解为一个农耕博物馆。

小动物园

小猪

黄牛

花海最北侧有一个小小动物园，养殖有兔、羊、牛、猪等，可供小朋友喂养。

兔子

鸟巢科普区位置

鸟巢科普园占地面积约 3 000 平方米，这里不但能看到各式各样的奇花异果，更是一个展现现代农业科技的课外学堂，无土栽培技术、立柱式气雾栽培技术。

无论农夫之家、科普气象站还是鸟巢科普园，都是带有一定教育属性的项目，所以，能吸引到亲子团客，因为家长更希望孩子出去一趟能长长见识，学到点课本里没有的东西，而作为亲子团客的组织者如学校、教育机构等也会考虑到家长的这一心理，毕竟掏钱的是家长。

3 个鸟巢航拍图

鱼菜共生系统

一带一路

鸟巢科普区内的气雾栽培

图解 10 个最新农乐园和户外儿童乐园项目

反斗乐园位置

反斗乐园水上部分的航

水上项目全景

234

水桶穿越

木箱穿越

  反斗乐园分为：水上部分和陆地部分，图上显示出来的是水上部分，占地面积约2 800平方米，水比较浅，水面上设置了一些拓展设备，供游客自由玩耍。

秋千路

攀爬设施

适合大人

反斗乐园的陆地部分,设置了一些无动力游乐设备。

因为是北方人,不知道"反斗"是什么意思,后来特意问了一下,是广东那边对精力旺盛、停不下来的调皮小孩子的称呼,**看来这个板块是让小孩撒欢儿的地方。**

无动力设备的优势很多,主要是建设成本低、维护成本低、运营成本低,其他案例里也讲过很多,这里就不赘述了。

适合小孩

森林剧场

舞台剧现场

森林剧场是园区的七大板块之一,由舞台和观众席组成,位于林下。

每天上演大型人偶亲子舞台剧《三只小猪与大灰狼》,节假日这里有泡泡秀、神奇魔术秀、互动送大礼等精彩节目轮番演出。

表演类项目一来成本低,二来也受小朋友喜欢,作为僻静的项目,也可以让家长有个休息的场景。

机动乐园位置

机动游戏 1

机动游戏 2

机动乐园航拍图

机动游戏 3

机动游戏4

机动游戏8

机动游戏5

机动游戏7

机动游戏9

机动游戏6

机动游戏10

机动游戏11

　　机动乐园占地约20 000平方米,设置有30多项有机游戏,这也是园区的核心板块,持票游客可以免费无限次游玩,只有个别的项目单独收费。

　　在节假日期间,这里的项目会排队,排队时间长了也会引起抱怨,不过因为园区整体免费的项目很多,整体评价还是不错的。

骑马（单独收费）

卡丁车（单独收费）

挖掘机（单独收费）

尖叫岛位置

尖叫岛占地面积约 7 000 平方米，有 8 个项目，双层旋转木马、大摆锤、青蛙跳等。**是更刺激一些的项目，适合年轻人。**

园区的散客分亲子家庭和情侣两类，都是有相当比例成人的，所以，让成人有的玩也是很重要的。

尖叫岛航拍图

双层旋转木马

大摆锤

青蛙跳

盈香生态园

九寨水城位置

九寨水城航拍图

标准池

娃娃池

　　九寨水城占地面积约 20 000 平方米，有娃娃池（水上乐园）、标准池、健将池。只在每年的 6—9 月开放，南方夏季较长，水上项目的设置增加了园区在夏季的吸引力，延长了园区接待时间。

凌云飞渡玻璃桥

玻璃桥航拍图

盈香生态园

空中飞船

高空飞索

呐喊泉

这个项目由玻璃桥、高空飞索、空中飞船和喊泉组成。单独收费，68元/人，玻璃桥没有张家界的惊险刺激，适合一家人上去。

玻璃桥位于两个山峰之间，可以步行自由上下，上去时也可以选择坐飞船（28元/人），下来时可以通过高空飞索下来（38元/人）。

呐喊泉也很有意思，只要有人呐喊，泉就会喷出来，声音越大泉水越高。

这是2018年才增加的板块，是网红项目，很多新老游客冲这个项目都会再来一次。

濑粉学堂

适合散客就餐

适合家庭等小团体

盈香生态园

烧烤和野炊

适合春秋游等大团体

团餐区

251

3个停车场位置图

停车场外观

园区一共有3个停车场，其中距离园区近的两个停车场占地面积约40 000平方米，至少可以停放1 000辆汽车，在节假日高峰期会启用3号停车场。

停车场内部

售票处

检票口

　　以上就是园区的所有核心板块了,整体看上去是一个花卉种植园区,中间穿插着很多游乐设施。

二、产品及渠道分析

从停车场的面积可以看出项目的客户特点，以接待散客为主。

从散客上再细分，可以细分为亲子家庭和情侣两类，园区在产品上都能满足他们，亲子家庭不必说了，孩子的天堂，很对路；情侣也有适合的项目，花海、玻璃桥、尖叫岛的机动游戏、水上项目等。

针对散客，园区采用"一票通玩"的政策，其中成人门票：100元或150元（含玻璃桥），儿童门票：80元或100元（含玻璃桥）。

这样的收费模式总体看来还是比较好的，游客也会觉得无限畅玩很划算。只是在节假日等高峰时段出现过排队现象，特别是一些好玩的机动项目，排队现象严重，有客户抱怨过排队2小时项目2分钟。

在渠道方面，携程、去哪儿网、美团网、大众点评等OTA平台都在为项目卖票，园区也在利用自己的微信公众平台卖票，当然，窗口卖票是标配。但是如果线下买票可能出现排队买票和排队检票的现象，线上买票可以直接扫码检票入园，还是比较方便的。

关于园区的投资，据说是8 000万元起步，后期累计滚动投资也是数亿元的规模。

三、总结

持续火爆20年，面对这样的成绩，相信有很多人回去也想做一个，但谁会是下一个盈香？那就先对照盈香生态园，看看自己是否具备这样的先天条件。

条件一：合法土地。此类项目本身需要用到大量土地，而咱们国家对土地有严格政策性管控，特别是对"农地非农化"的管控，从2017年开始，很多农地上的非农项目大量被拆除，别说农地上建木屋别墅了，就是拿出一块地建个生态餐厅，甚至活动空间、拓展场地都有可能被执法。所以，能否通过政府拿到合法、合规土地是项目投资的关键。盈香生态园背靠山是一个优势，国家是鼓励利用四荒地（荒山、荒滩、荒沟、荒滩）来做休闲项目。

也可以考虑申请建设用地指标或利用农村经营性建设用地。

条件二：投资体量和市场规模相匹配。 这类项目属于周边游产品，服务的是100公里范围内的客户，如果投资没有足够的市场就很容易造成过度投资，回收期过长的后果。盈香生态园控制得很好，它可以覆盖到珠三角的至少2 000万人口，不仅有人，还有钱。

横向比较一下，成都的松鼠部落、北京的洼里乡居楼等的投资都在1个亿左右。

简单换算一下，这类农乐园每万人的投资不宜超过5万元。 当然，这还需要考虑到竞品和当地人的消费能力。

条件三：迭代的本领。 盈香生态园的成功不是简单的围一圈设备，收了20年门票，它也是一个不断发现客户需求，调整产品的过程，像九寨水城、尖叫岛、玻璃桥等板块都是后加的。

经常有客户说自己小时候过来玩过，现在变化很大，增加了很多项目。所以，迭代是持续吸引客户的手段，我们在建这类项目时一定不要建设得太满，为今后的项目升级、迭代、增项预留场地。

条件四：可运营时长。 这种户外游乐项目特别挑天气，对于广东来说，夏季进入淡季，而对于北方来说除了夏季这个淡季，冬季一般选择闭园，这个差异也是投资时需要考虑的。所以，上海有迪士尼，香港有迪士尼，北京却没有迪士尼。

有时候会看到北方的园子颜值很低，条件更差，那是因为他的运营时长比较短，如果想要投资回收期更短，只能牺牲颜值只做功能性建设。

以上四个条件是"必要不充分条件"，换句话说就是这四个条件只是基础。

考察时给盈香生态园拍了一个视频，可以帮你更直观地了解盈香生态园，关注微信公众号：农未来，直接回复：盈香生态园，就可以看到了。

瓜牛公园

投资700万元,半年接待3万人,一个小投资的乐园

瓜牛公园标志牌

瓜牛公园航拍图

瓜牛公园平面图

　　瓜牛公园是本书中投资最小的一个项目，700万元建成，2016年开业，位于合肥市。

　　可就是这样一个占地面积200亩的项目，开业前6个月接待了3万人，最多的一天接待过4 500人，停车场也从1个增加到3个。

　　小型农乐园应该怎么干，瓜牛公园做出了自己的实践，也是有很多经验可寻的。

一、项目图解

项目区位图

项目卫星图

项目的具体位置是合肥市庐阳区十三岗，距离合肥市 20 公里/30 分钟车程，1 小时车程可以覆盖到合肥市的四区两县，共计约 600 万人口。合肥市的人均 GDP 约 8.8 万元，消费意识比较保守。

项目总占地面积约 200 亩，是一块带有一定坡度的地，西低东高，落差约 15 米，项目西侧紧邻一条小河。

园区最南边是 3 个停车场，总的占地面积约 14 000 平方米，可停放近 500 辆车，停车免费。

图上显示的是 1 号停车场，也是最小的停车场，可停放 35 辆车，园区最多时 1 天可接待 4 500 人，显然是不够的，于是后来又在马路对面开辟了两个停车场。

尽管如此，停车场仍然是园区接待瓶颈，所以，创始人魏志男经常说的一句话就是：**园区的接待上限是由停车场决定的。**

停车场位置

1 号停车场

售票窗口

售票处是由集装箱改建而成的，园区门票价格：119元/单人，169元/一大一小，199元/两大一小。

瓜牛公园

丛林穿越位置

丛林穿越实景

261

儿童线路

丛林穿越是利用天然的树林做成的，林区面积约3 200平方米，共设置了不同高度的5条线路，有适合小朋友的，有适合大朋友的，也有适合成人的。

这个板块的总投资约70万元，每天能消化掉800~900人。

丛林穿越的体验感比较好，又有野趣，是园区排进前三的核心项目。这个项目为了保障安全，安全锁是必需的，不过有的小朋友实在进行不下去的时候比较麻烦，需要拿梯子把人接下来，另外上去一个人把安全锁继续走到头才行，这样通过率比较低，后来园区改用可以拆卸的安全锁解决了这个问题。

丛林穿越中挑战自我的小朋友

枪林弹雨位置

枪林弹雨实景

射击体验现场

体验射击的小朋友

　　枪林弹雨占地面积约 1 000 平方米，枪是气枪，子弹是橡皮的可以重复使用。游客可以持门票领取子弹，打完就结束了。

　　打出去子弹时有砰砰的声音，所以感受比较好，也可以排进园区最好玩的项目前三。

　　尽管如此，项目在建设之初也是走了弯路的，其中一个是场地规划得过大了，当时找的供应商承担建设任务，场地 200 元 / 平方米，规划得大了。根据实际的运营看，只需要一个 300~400 平方米的场地就够了。还有一个被供应商坑的地方，供应商建议园区上四种枪，结果因为子弹大小不一样，枪经常卡壳，非常麻烦，最后没办法换成一样的枪就好多了。所以，大家在找供应商时一方面要比价格、看产品，更重要的是看服务。

射箭项目位置

射箭占地面积约 2 000 平方米，也是凭票领取箭，箭用完算结束。

这个项目中的弓 300 多元一把，靶子 600 多元一个，箭几块钱一支。也是比较受欢迎的项目。

瓜牛公园

靶子

射箭现场

轮胎公园位置

轮胎公园航拍图

轮胎自制游乐设施

轮胎公园内

轮胎攀爬

轮胎公园是由草坪、沙坑、轮胎构成的，还设置有小型滑草。这里是一个无限畅玩的板块，入园的游客都可以免费使用。

轮胎公园占地面积约 5 000 平方米，建设成本仅 5 万元，但非常受小孩子喜欢。

萌宠部落位置

驴

小猪

羊

兔子

孔雀

萌宠部落有常见的小动物如羊、兔子,袖珍动物如矮马、袖珍毛驴,供投食体验,10元一盘蔬菜。

不过,毛驴比较麻烦,它有攻击性,出现过咬到小朋友的现象,现在以羊为主。

浑水摸鱼位置

放干净水后的浑水摸鱼现场

272

浑水摸鱼大棚

浑水摸鱼现场

浑水摸鱼,需求很强的产品,是人的原始狩猎的天性使然。

钓虾

小猪跳水位置

小猪跳水航拍图

小猪跳水现场

小猪跳水占地面积约 1 300 平方米，是给游客表演小猪跳水的地方，建设成本 6 万多元，猪 1 万多元。

这个项目很受小朋友喜欢，不过表演持续的时间比较短。

狗狗表演场位置

狗狗表演现场

　　狗狗表演每天 4 场,每场 25 分钟,实际表演也就 5 分钟,其他是互动时间,比如狗狗找香蕉、让孩子藏起来找小孩等。

　　这是和训练犬基地合作的项目。

烧烤区

烧烤台

烧烤现场

　　烧烤区，也是比较失败的项目，因为买票进来的一般不会烧烤，即便有出来烧烤的，租个位置，利润也不高。

昆虫王国板块位置

昆虫王国内老师给游客讲解昆虫知识

昆虫王国是在大棚内，占地约 2 200 平方米，是花钱最多，最失败的项目，因为小朋友对标本不感兴趣，只对活体昆虫有兴趣，可是活动昆虫成本高，养殖成本高，运营成本高。

瓜牛食堂板块位置

瓜牛食堂内部

　　瓜牛食堂是比较成功的板块，农场只需要准备好物料，放在一起，其他的就交给客人了，10人一桌，300元，利润能达到60%。

　　主要接待团队，有48口锅，春游最多接待过800多人。

活动草坪位置

活动草坪航拍图

活动草坪实景

活动草坪占地面积约 4 000 平方米，可用于团队活动。

以上就是蜗牛公园的 14 个主要板块，其中，

核心项目 3 个：丛林穿越、枪林弹雨、射箭；

普通项目 8 个：轮胎公园、萌宠部落、浑水摸鱼、钓虾、小猪跳水、狗狗表演、昆虫王国、草坪活动区；

配套项目 3 个：停车场、蜗牛食堂、烧烤。

二、门票政策

单人：119 元

一大一小：169 元

两大一小：199 元

三、你会是第二个瓜牛公园吗？

之所以成功，一定是做对了什么，通过和魏总交流，我把他们归结为：市场容积够大、选址准确、产品定位准确、投资节奏好。

1. 市场容积够大

没有足够的客户群，就支撑不了相关的产业，对于瓜牛公园而言，他面对的是合肥市 4~14 岁的孩子，简单算，这 10 个年龄段大概占到总人口 10%，也就是 76 万元 =760 万元 ×10%，加上小孩的爸爸、妈妈就是 228 万元 =76 万元 ×3。

每年能拿下这个客户群的 5% 的话，也就是 10 万人，1 000 多万元的营业额。当然，这中间没有考虑竞品，也没考虑到复购。

从瓜牛公园的运营状况看，合肥的市场是足以支撑一个投资千万元级别的游乐项目。

2. 选址准确

首先，从距离上看，项目距离合肥市 20 公里，约 30 分钟车程，距离非常重要，特别是亲子项目，孩子一般在车上一个小时以上就会闹，距离目标市场近，亲子家庭出行的频率就会提高。

还有一点也很重要，那就是距离景区近，附近有一个三国遗址公园，国家4A级景区，每年有30万人客流量，还有一个淘气水果农场，最多的时候一天有10万人入园，而这些客流都从瓜牛公园路过，最重要的是他们的产品不是竞争，而是互补。其他两个项目都是观光型的，转一圈出来了，他们需要一个能吃掉他们时间的、有趣的项目。魏总也说，他们前期并没有做什么营销，开园就火也得益于这一点。

3. 产品定位准确

既然想做小孩子的生意，就得考虑他们的需求，了解他们。在合肥是这样，幼儿园是没有体育课的，小学虽然有体育课，但是一般都选择自习。而周末去商场里的淘气堡玩，一来容易玩，二来只孩子玩，家长没办法参与。

所以，瓜牛公园把产品定位为户外的、自然的、家长孩子可同时参与的项目，这一点被验证是对的。

4. 投资节奏好

公园从2016年1月1日拿地，4月15日就开园了，建设周期仅三个半月，而选址就花了8个月。开业之后，拿着赚来的钱滚动投资。

选址过程可以很长，可一旦动工了就得快速建设，快速开园，这样的资金实用效率最高。

可是，瓜牛公园并不是完美的，它的定价较高，可是客户可选择的项目并不多，这样客户会觉得性价比不高，不会再来第二次。**作为周边游产品，没有了复购率，很难持续，当新客户洗一遍之后，便没生意可做了。**

考察瓜牛公园时做了一次航拍，从空中俯瞰瓜牛公园会让你更直观地了解到这个项目，用微信扫一扫旁边的二维码，**关注公众号：农未来**，直接回复：**瓜牛公园**，就可以看到了。

后 记

取其精华去其糟粕。本册书中的每个案例虽各有各的亮点，但没有一个是完美的，所以，我们要汲取的是他们的亮点，而不是一味地照搬。我特别有感触，这套书写了有1年多，在截稿的时候，有些项目已经发生较大变化了，有的运营数据更好了，有的却遇到新的问题，甚至还有因为政策问题被拆平的。所以，这套书的重点并不是预测未来，而是总结过去。

知道容易运用难。看多了杀猪，虽然杀猪的流程烂熟于心，但能不能拿刀准确地捅进去就不一定了。虽然我们了解了很多项目，也知道了他们背后的很多逻辑，但运用的时候还是会遇到各种各样的问题。所以，理论到实践之间是有距离的，这个距离就是"运用"。

时代变革已经到来，拥抱变化才不会被抛弃。所谓30年河东，30年河西，对于农业来说，1979—2018年，这40年是一个阶段，以市场经济为主，农业让路工业，农村让路城市。而2019年之后又是一个阶段，很可能是一个兼顾公平的更加规范的市场经济阶段，工业反哺农业，城市反哺农村。只有顺应时代，拥抱变化，才不会被抛弃。

这30个项目更多的是独立项目存在，而未来很可能是依赖于一个平台，可能是美丽乡村项目，也可能是其他的乡村振兴项目。这30个项目就像积木一样，木块还是那些木块，只是框架变了，我们要做的是在新形势下搭建属于这个时代的城堡。

作者：李 涛